Engelbert Groß

Wenn Kinder nach dem Glauben fragen

Engelbert Groß

Wenn Kinder nach dem Glauben fragen

Glaubenskrise – Glaubensklärung

Verlag Butzon & Bercker Kevelaer
Bernward Verlag Hildesheim
Morus Verlag Berlin

ISBN 3 7666 8965 7 Verlag Butzon & Bercker
ISBN 3 87065 111 3 Bernward Verlag
ISBN 3 87554 155 3 Morus Verlag

3. Auflage 1978

 Mit kirchlicher Druckerlaubnis. Berlin, den 21. Juni 1977. Dr. Tobei, Generalvikar. Umschlaggestaltung: Kurt Wolff. Herstellung: Druck- und Buchbinderei-Werkstätten May & Co Nachf., Darmstadt.

Gewidmet den Freunden:
Regina, Luzie und Heinz,
Margret und Georg

Zugedacht den Fragenden:
meinen Hörern im Carl-Sonnenschein-Haus
in Berlin-Kladow,

zugedacht den Suchenden:
zwischen Hamburg und Bozen,
zwischen Luxemburg und Dresden

Vorwort

Kaum etwas wirkt so brutal und kann einen Erwachsenen so arg aus seiner Fassung bringen wie eine harte, ernste, ins Tiefe zielende Kinderfrage. Mit einem Schlag steht man als Großer vor dem Kleinen da wie entblößt, preisgegeben, ungesichert. Man sieht seine Felle schwimmen und fischt atemringend nach einem Halt.

Kinderfragen können schmerzlich ins Mark treffen, können wie das Messer des Chirurgen den Nerv unseres Lebens bloßlegen: jenen empfindlichen Nerv, den wir Erwachsene so gern mit allerlei unbedachten Gewohnheiten, mit unwahrhaftigen Sprüchen, mit ängstlichem Nicht-Nachdenken, mit unrechtem Verschweigen einwickeln.

Das gilt für alles Tiefe, für alles Große, für alles Wesentliche unseres Lebens: das gilt auch für unseren Glauben. Wer – im Hinblick auf seinen Glauben – einem Kind, das bohrende Fragen an einen hat, Rede und Antwort stehen kann, der darf als geläutert, als echt, als wirklich gelten.

Darum ist es gut, wir stellen uns oft und regelmäßig vor, wir müßten uns einem Kind erklären: wie wir es als Christen halten mit dieser Welt, mit unserem Selbst, mit Gott und mit dem Tod.

Durch sämtliche Kapitel dieses kleinen Buches läuft diese Gegenüberstellung mit dem Kind, das uns erbarmungslos nach unserem Glauben fragt. Kinderfragen sind für einen Erwachsenen eine harte, aber ihn reifer machende Schule: da klärt sich einem das eigene *Dasein als Christ.* So oder so.

Engelbert Groß

Inhalt

I. Was gibt es alles in der Welt, und wer hat die Welt gemacht?

Unsere Welt ist Kleinstes (Atom) und Größtes (Kosmos) und das, was dazwischen ist; sie kommt uns begrenzt und winzig vor und doch zugleich auch unermeßlich und gewaltig. In dieser Welt gibt es ganz Verschiedenes: Stadtwelt und Landwelt, Wohnwelt und Spielwelt, Jungsein und Altsein, Armsein und Reichsein, Gelbsein und Schwarzsein, Arbeiten und Feiern.

Das alles hat viel zu tun mit einer Macht, die mehr ist als Planeten und das, was in ihnen und auf ihnen liegt und passiert. Das alles hängt zusammen mit einer Macht, die nicht deswegen stark ist, weil die Natur sie so gemacht hat, die ihre Kraft nicht – zum Beispiel – aus der Atomspaltung bekommt.

Unsere Welt sehen wir Christen nicht an als „einfach da", sondern als Schöpfung, als Werk der Macht GOTT. Dieses Werk ist seit langem im Gang und läuft noch. Wenn wir „Schöpfung" sagen, meinen wir nicht nur: in fernerVergangenheit ist einmal etwas gemacht worden, und nun ist es da. Schöpfung ist vielmehr eine Fortsetzungsgeschichte. Das, was von Gott her im Anfang in Gang gesetzt wurde, läuft weiter, ist wirklich Geschichte: ein Geschehen, ein langsames, mühsames, aber aktives Ereignis. Die Schöpfung war nicht, sondern sie *passiert,* sie läuft, sie geschieht und ist in Gang. Darin gibt es für uns Menschen viel Licht, viel Herrliches; vieles in unserer Welt bringt uns zum Jubeln: Berglandschaften sind wunderbar; Eisblumen auf der Fensterscheibe lassen uns staunen; Tiere sind anhänglich; der Mensch, der liebt, ist himmlisch.

Vieles jedoch erscheint uns dunkel, rätselhaft: Insekten fügen einem ein tödliches Fieber zu; Bakterien machen einen krank; Katzen töten Mäuse; Erdbeben und Überschwemmungen bringen riesiges Leid; manisch-depressive Zustände oder Schizophrenie lassen einen Menschen wie einen Automaten erscheinen, der sich selbst nicht in der Gewalt haben kann.

Dieses Ganze unserer Welt, von Gott in die Wege geleitet und dem Menschen zugedacht, dieses Ineinander von Licht und Dunkel hat, so glauben wir, einen Sinn. Da ist nicht blindes Schicksal, das den Menschen ganz verrückt hin und her schleudert. Da ist aber auch nicht die Machtergreifung der menschlichen Vernunft, die alles kann und alles herrlich erledigt. Allerdings ist da ebenfalls nicht ein Schauplatz für Zeichen und Wunder, die ein Gott dort vorführen läßt.
Schöpfung, dieses laufende Verfahren Gottes, hat einmal den Sinn, alle falschen Götter von ihrem Thron zu holen: Schicksalsmacht, Vernunftmacht, Wundermacht, unter sie beugt sich kein Glaubender. Derjenige, der glaubt: „Unsere Welt ist Schöpfung“, der wird nie aus dieser Erde einen Himmel machen wollen (Vernunftmacht), der wird aber auch nie die Hände in den Schoß legen und meinen: „Es ist ja doch alles Schicksal; da machst du nichts“ (Schicksalsmacht), und er wird ebenfalls nicht jammern: „Da muß schon ein Wunder passieren“ (Wundermacht).
Wirkliche Macht kommt in unserer Welt ausnahmslos Gott zu. Dieser Gott, der uns als der „Macher“ der Welt gilt, hat diese Welt in Bewegung gebracht. Sie bewegt sich in Richtung auf ihre Vollendung zu. In dieser Bewegung hat er dem Menschen die Rolle des Mitschöpfers gegeben. Das göttliche „Macht euch die Erde untertan!“ (Gen 2, 15) verstehen wir als Auftrag: Forscht! Seht nach, was die Erde hergibt! Wendet ihre Gesetze an! Baut! Erfindet! Schafft bessere Verhältnisse!
Der Schöpfer hat in seiner Schöpfung den Menschen angestellt: als verantwortlichen Mitarbeiter. Die Schöpfung ist dazu da, daß der Mensch sie gestalte: auf jene Verhältnisse zu, die gelegentlich die neue Stadt (Offb 21, 10), das himmlische Jerusalem (Offb 21, 2) genannt wurden. Da wird es schön sein. Da wird alles harmonieren. Da ist endlich alles klar. Da ist alles lebhaft, alles froh. Da ist endlich die große Liebe durchgebrochen in und zwischen den Menschen. Da ist eindeutig Gott.
Dazu gibt es die folgenden neutestamentlichen Aussagen:

2 Kor 5, 10; Röm 11, 32; 1 Kor 15, 42-44; 2 Petr 3, 13; Offb 21, 3-4; Röm 8, 21-23; Mt 24, 42-44; Joh 5, 24; Joh 14, 2-3.

II. Was ist das: die Welt?

Was heißt das, wenn wir glauben: „Unsere Welt ist Schöpfung?“ Was ist das: Schöpfung? Was bekommen wir heraus, wenn wir ganz tief innen in der Schöpfung nachsehen, was ihr Kern ist?
Genau das war auch eine der wichtigen Fragen der alten Hebräer. Ihnen damals wurde darauf diejenige Antwort klar, an der auch wir Christen hängen. Diese Antwort ist bekleidet mit einem Erzählkleid. Das ist vor über 2500 Jahren gemacht und angefertigt in einer uns Europäern ziemlich fremden Gegend, nämlich im Orient. Dieses Erzählkleid ist ausgelegt in den Schöpfungserzählungen der Bibel: im Buch Genesis (Gen 1, 1–2, 4a; Gen 2, 4b–24). Genesis, das heißt: Werdung, Entstehung, Schöpfung.
Das alte und im Orient hergestellte Erzählkleid der biblischen Schöpfungserzählungen ist schön farbig und hübsch gemustert: da kann man sehen, wie wüst und dunkel, wie verschlammt und ungemacht anfangs alles war; und wie es dann gemacht wurde, daß daraus ein herrlicher Park entstand: mit sprudelnden Quellen und erfrischenden Brunnen; mit munteren Bächen zwischen Felsen und Wiesen und mächtigen Strömen in der Ebene; mit wunderbaren Anlagen prachtvoller Blumen, Sträucher und Bäume; mit unumzäunten, freien Plätzen voller friedlicher und anhänglicher Tiere; mit Menschen, die sich rundherum wohlfühlen; mit Gott, der an dem Gemachten seine reine Freude hat.
Jeder, der sich dieses Erzählkleid der biblischen Schöpfungserzählungen anschaut, wird wohl sagen können: Dies sind wirklich schöne Geschichten. Mancher wird auch meinen: Im Muster dieses Erzählkleides kann man ja sehen, *wie* Gott die Welt gemacht hat; in dem Erzählkleid sind ja Stellen, die wie Filmszenen sind; da ist ja gezeigt, wie das alles

zuging am Anfang. Würden Menschen das meinen, dann täten sie so wie diejenigen, die einen Anzug für den Mann im Anzug und ein Kleid für die Frau im Kleid halten würden, und das wäre sicher nicht richtig. Man darf ein Gewand nicht für den Menschen selbst halten, der darin steckt.
Das gilt auch für das Erzählkleid der biblischen Schöpfungserzählungen. Die Erzählungen sind nur das Kleid, mit dem die Wahrheit „Gott hat die Welt erschaffen“ angezogen ist. Wer bloß dieses Erzählkleid ansieht und nur dessen Schnitt und Muster weitersagt, der hat von der Wahrheit unter dem Erzählkleid noch gar nichts erlebt.
Wenn Erwachsene Kindern die biblischen Schöpfungserzählungen einfach vorlesen oder nacherzählen, dann wird es meistens so sein, daß die Kinder das Großartige, das in diesen Erzählungen steckt, überhaupt nicht zu spüren und zu denken und zu leben und zu beten bekommen. Kinder können nämlich das Erzählkleid von sich aus nicht aufknöpfen. Die zugeknöpfte und verborgene Wahrheit „Unsere Welt ist Schöpfung“ ist für einen Menschen aber keine Wahrheit. Wahrheit ist etwas erst dann, wenn offengelegt ist: So ist es wirklich, und so wirklich ist es da für mich.
Die Wahrheit „Unsere Welt ist Schöpfung“ strahlt sich in zwei Richtungen aus: einmal in die Richtung auf Gott hin, einmal in die Richtung auf den Menschen hin.
In der ersten Richtung strahlt sie Gott an: Gott ist der Schöpfer; er will unsere Welt und erschafft sie.
In der zweiten Richtung strahlt die Wahrheit „Unsere Welt ist Schöpfung“ den Menschen an, und zwar den Menschen, der im Tiefsten seines Inneren Finsternis und Angst hat: es ist alles so leer in einem; man weiß nicht, was das, was man macht, wirklich soll; was hat es für einen Sinn, daß einer wie ich lebt?; man hat das Gefühl: „Es ist so, als ob mir einer den Hals zuschnürte, ich bekomme seelisch keine Luft mehr, ich habe Angst, Angst, Angst . . .!“ Diese Lebensangst-Existenzangst heißt sie gelegentlich auch – macht, daß einer nicht mehr entscheiden kann, was zu tun ist, daß jemand nicht mehr herausfinden kann, wie es weitergehen soll, daß

er seelisch wie gelähmt ist und nichts mehr schaffen kann. Da der Mensch ein solches Wesen ist, das über sich selbst nachzudenken vermag, ist er für diese Existenzangst immer offen. Nie ist er vor ihr sicher. Allezeit kann sie in ihn einfallen. Da ist es möglich, daß dabei die Angst um Lebensunterhalt und Wohnung eine große Rolle spielt; oder es ist die Angst vor Einsamkeit stark beteiligt; oder es wirkt die Angst mit, anderen Menschen nichts zu bedeuten; oder es wird die Angst vor dem, was aus den Kindern zu werden scheint, riesengroß; oder es ist die Angst vor einem blinden Schicksal, die Angst vor gesellschaftlichen, wirtschaftlichen, politischen Mächten arg beteiligt; oder es gibt dabei stark die Angst mit der Frage: „Was mag nach dem Tode sein?"
Existenzangst haben: das ist unsere Angst vor Mächten und Gewalten, die einen packen, umklammern und zerdrücken können, und diese Mächte und Gewalten gibt es. Sie können – wie gesagt – da sein in Gestalt der wirtschaftlichen Verhältnisse, in Gestalt der gesellschaftlichen Lage, in Gestalt der politischen Gewalt, in Gestalt eines privaten Rivalen, in Gestalt des lieblosen Mitmenschen, in Gestalt einer bedrängenden Frage.
Uns Menschen, die in solcher Weise bedrückt sein und von dieser Bedrückung zerstört werden können, strahlt die Wahrheit an: „Unsere Welt ist Schöpfung!"
Dieses Strahlen setzt ein, sobald man das alte und im Orient gemachte Erzählkleid der biblischen Schöpfungserzählungen aufknöpft. Dann strahlt uns die Wahrheit an:

1. Alles in der Welt ist gemacht!

Alles in der Welt ist gemacht; aus sich und in sich hat nichts Gewalt über uns! Die Dinge um uns her und ebenfalls die Menschen um uns herum sind keine Götter! Sie haben über uns nicht zu sagen! Sie können uns keine Angst einjagen!
Selbstverständlich kann es sein, daß wir Angst haben vor Dingen und vor Menschen. Selbstverständlich gibt es Dinge und Menschen, die irgendwie Macht über uns haben. Ein

Kind – zum Beispiel – kann sich am Tisch stoßen, am Ofen verbrennen, von einem Auto angefahren werden und auf solche Weise erfahren:

– Da ist etwas mächtig.

– Da ist etwas gegen dich.

– Da ist etwas irgendwie feindlich.

Es ist möglich, daß ein Kind diese bittere Erfahrung auch an Menschen macht: an einem Elternteil, an Hausbewohnern, an Fahrgästen im Bus oder in der Bahn, an Kindern auf der Straße, auf der Spielwiese, im Sandkasten.

Bei Erwachsenen kann es – zum Beispiel – vorkommen, daß sie erfahren: der Chef ist eine Macht, die Bürokratie ist eine Macht, der Arbeitsmarkt ist eine Macht, die Polizei ist eine Macht. Manche dieser Mächte und Gewalten kann die Zähne zeigen, kann beängstigend zupacken. Es kann auch sein, daß auf der Arbeitsstelle ein Kollege ist, mit dem es eine böse Auseinandersetzung gegeben hat, und Angst vor diesem Kollegen, der einen fertigmachen kann, Angst vor dieser bissigen Kollegin, die einem den Tag zur Höllenzeit machen kann, stellt sich nun ein.

Wir sagen also: Selbstverständlich kann es bei uns Angst vor Dingen und Menschen geben. Christen jedoch glauben: Diese Angstmacher sind nicht allmächtig; sie sind nicht so gewaltig, wie wir oft meinen.

Wir dürfen sie nicht so wichtig nehmen. Wir dürfen sie nicht anbeten. Wir dürfen nicht so sehr auf sie starren, daß sie uns den ganzen Tag dunkel machen, daß sie uns mächtig bedrükken, daß sie uns fix und fertig machen. Uns Christen ist klar: Dinge sind Dinge und keine Götter, sie haben über uns keine Macht. Wer dies wirklich glaubt, der geht vor den Mächten und Gewalten in der Welt nicht in die Knie, der wird durch sie nicht erschüttert, der wird nicht in Existenzangst zerdrückt.

In dem, der wirklich glaubt: „Unsere Welt ist Schöpfung!“, gibt es eine innere Trotzmacht gegen die Dinge und Menschen, die uns Angst machen können. Christen sind, wenn es mit rechten Dingen zugeht, Menschen, die eine Trotzmacht

des Glaubens haben. Mit ihr können sie gegen die beängstigenden Dinge und Menschen angehen. Sie trotzen die–sich als mächtig und gewaltig aufspielen – Götzen um, entschleiern deren falsches Großsein. Glaubende lassen sich nicht unterkriegen. Sie lassen sich nicht umwerfen.
Mächte und Gewalten ängstigen einen Christen ebenso wie einen, der nicht an den Gott des Jesus von Nazaret glaubt. Es gibt diese Mächte und Gewalten. Das leugnet ein Christ nicht. Was er leugnet, das ist die Meinung: Diese Mächte und Gewalten haben zu sagen über mich. Dem Christen ist vielmehr klar: Ich kann zwar nichts daran machen, daß die Angstmacher verschwinden, aber ich kann sehr wohl etwas daran machen, welche Einstellung ich zu den Angstmachern habe. Ich glaube da: Unsere Welt ist Schöpfung, die Angstmacher sind keine wirklichen *Macher*, sondern in Wirklichkeit *Gemachte*: die können mir nicht ans Leben. Es strahlt uns eben die Wahrheit an:

2. *Es werde Licht!*

Gott ruft in das Dunkel hinein: „Es werde Licht!“, und es wird Licht. In diesem Licht kann man nun sehen: Alle Dinge in unserer Welt sind nur etwas Gemachtes, und darum sind sie letzten Endes ohnmächtig.
Ganz schlicht und unverkrampft kommt das in den Versen von den „Hundertzwei Gespensterchen“ zum Ausdruck:

Hundertzwei Gespensterchen
saßen irgendwo
hinter meinem Fensterchen.
Da erschrak ich so.

Hundertzwei Gespensterchen
waren sehr vertrackt:
An mein Kammerfensterchen
klopften sie im Takt.

Hundertzwei Gespensterchen
haben mich erschreckt.
Weit entfernt vom Fensterchen
hab ich mich versteckt.

Hundertzwei Gespensterchen
waren plötzlich fort.
Schlich mich schnell zum Fensterchen,
fand sie nicht mehr dort.

Hundertzwei Gespensterchen
denkt euch, wie famos,
waren an dem Fensterchen
Regentropfen bloß!

(Aus: James Krüss, Der wohltemperierte Leierkasten, Gütersloh 1961, S. 14)

Die Gespenster, die Angstmacher entpuppen sich bei Licht als Regentropfen: als Geschöpfe, die ohnmächtig sind. Mächtig dagegen ist ihr Schöpfer: Gott allein hat zu sagen. Wenn wir ganz tief innen in der Schöpfung nachsehen, was ihr Kern ist, dann zeigt sich: Schöpfung geschieht dadurch, daß in das Dunkel hinein „Es werde Licht!" gerufen wird, dadurch, daß Finsternis von Licht geschieden wird. Schöpfung unserer Welt: das ist eine große *„Es werde Licht"-Bewegung* Gottes. Mit ihr strahlt er uns an: „Habt keine Angst! Es gibt keine Götter, die euch gefährden könnten! Es ist alles nur gemacht. Es ist alles ohne Gewalt über euch!"

3. Menschen in der „Es werde Licht"-Bewegung Gottes

Gott läßt wissen: „Du, Mensch, bist fähig, mit mir, dem Schöpfer der Welt, zusammenzuarbeiten. Dazu berufe ich dich: auch du sollst Schöpfer sein!
Du sollst, so denke ich mir, in meiner *‚Es werde Licht'-Bewegung* mitmachen. In ihr sollst du kleine *‚Es werde Licht'*-

Geschichten machen. Du sollst in deinem Leben also nur solche Geschichten machen, bei denen du deinen Mitmenschen die Finsternis vom Licht scheidest, ihnen die Lebenstage hell machst, ihnen Sorge und Angst nimmst, ihnen Mut machst zu leben.
Einer soll des anderen Licht sein.
Einer soll dem anderen ‚grün sein' und ihm für dessen Leben ‚grünes Licht geben', so daß er spürt: Da ist jemand, der mag mich, der hält mich, der belebt mich. Da ist einer, der – mit Gott – mein Schöpfer ist, indem er Licht in mein Dunkel bringt, indem er mir gut ist."
Auf die Frage „Was ist das: die Welt?" antworten wir Christen: Unsere Welt ist Schöpfung, und Schöpfung ist eine große *„Es werde Licht"-Bewegung* Gottes, durch die Licht gebracht wird in das Schaurige, das Unheimliche, das Leere, das, was Angst macht, und durch die auf diese Weise Leben in die Welt kommt.
Diese *„Es werde Licht"-Bewegung* Gottes ist ins Rollen gebracht, und sie passiert fortwährend. Schöpfung ist nicht nur eine große Tat am Anfang, an dem einen Punkt damals und nun vorbei. Schöpfung zeigt sich vielmehr als eine große Tat über die ganze Zeit hin, an allen Punkten der Geschichte. Schöpfung haben wir nicht nur hinter uns, sondern auch vor uns: Unsere Welt ist nicht fertig, sie ist noch nicht das Reich Gottes, der Himmel, das Paradies. Sie wird es aber durch *„Es werde Licht"-Geschichten*. Je mehr davon gemacht werden und je besser sie sind, desto näher kommt unsere Welt derjenigen Tat, die wir Himmel nennen.

III. Was ist das: der Mensch?

Dem, was in dieser Frage christlicher Glaube ist, liegt eine wichtige Wahrheit zugrunde: Der Mensch ist nicht gleichzusetzen mit dem, was er kann und leistet.
Menschsein hat seinen Grund nicht darin, daß ein solches Menschenwesen funktioniert: essend, trinkend, wachsend,

fühlend, geschlechtlich, gedanklich, beruflich, gesellschaftlich. Wenn die Frage, ob ein Wesen (noch) ein Mensch ist oder nicht, abhinge von der Tatsache, daß das Wesen in diesen Weisen funktioniert, dann fällt es schwer, arg behinderte Menschen als Menschen zu betrachten. In manchen Familien und Heimen gibt es ja Menschen, die weder allein essen, trinken, sich anziehen können, die erst recht keine Gefühle zeigen und nicht denken können, die nur so dasitzen – oder das noch nicht einmal. Sie liegen auf dem Boden oder einer Unterlage und schlagen sich Kopf und Hände wund, wenn man sie nicht davor schützt.
An solchen Menschen funktioniert fast nichts: das Denken nicht, das Empfinden nicht, das Bewegen nicht, nur das Atmen und Verdauen. Als Menschen wären sie nicht anzusehen, wenn Menschsein vom Funktionieren der sogenannten menschlichen Fähigkeiten abhängen würde.
Menschsein aber hat – so ist es christlicher Glaube – seinen Grund darin, daß Gott sich dieses Wesen als Partner aussuchte. Der Mensch ist ein „Du Gottes", ein Jemand, der seinen Wert eben darin hat, daß Gott ihn sich zugeordnet hat.
Es kommt nicht zuerst darauf an, was einer leistet, sondern darauf, was einer ist: Der Mensch ist ein Partner Gottes, ein Bild Gottes. Der Mensch ist verkörperte Liebe: entweder jemand, der Liebe herausfordert, oder jemand, der Liebe gibt, oder beides.
Diese Wahrheit ist gerade im Hinblick auf das Kind wichtig. Das Kind kann – vergleichbar dem behinderten Menschen – kaum etwas, leistet nichts, und eine auf Leistung bedachte Gesellschaft wie die unsrige ist schnell dabei, Kinder für Menschen dritter Klasse zu halten. Unter solch einer deutlich gezeigten Verkleinerung ihres Menschseins können Kinder bitter leiden.
Die Wahrheit „Der Mensch ist nicht gleichzusetzen mit dem, was er kann und leistet", stellt den Rahmen dar, in den neun Linien des Menschenbildes gut sichtbar eingezeichnet werden müssen.

1. Der Mensch steht über den Sachen darüber

Der Mensch geht aufrecht. Er ist vom Boden, von der Sach-Welt abgesetzt. Er lebt nicht wie das kleine Zeckentier, das gänzlich in einer Sach-Welt aufgeht. Die Zecke, dieses spinnenförmige Tier, hat eine ganz feste Bahn, auf der ihr Leben verläuft. Da gibt es ein unabänderliches Programm von vier Punkten: 1. Zecke, krieche auf die äußerste Spitze eines Astes, und warte da; 2. Zecke, laß dich fallen, wenn du Buttersäure riechst; 3. Zecke, bohre dich ein, wenn du auf eine haarfreie Stelle triffst; 4. Zecke, sauge, wenn du die richtige Temperatur fühlst.
Sich absetzen von dieser Sach-Welt würde für das Zeckentier den gewissen Tod bedeuten.
Sich absetzen von der Sach-Welt, das jedoch ist für den Menschen typisch. Gerade das bedeutet für ihn das Leben. Er ist der Sach-Welt nicht eingepaßt wie die Zecke ihrer Umwelt, wie der Schlüssel dem Schloß. Er steht darüber über den Dingen. Die Dinge sind ihm untertan. Er als Subjekt, als Person ist abgehoben von den Objekten, von den Sachen. Der Mensch geht aufrecht, er steht über den Sachen, und er darf nicht zur Sache, nicht „zur Schnecke gemacht" werden.

2. Der Mensch stellt „Gott und die Welt" in Rede

Der Mensch spricht. Was er innen fühlt, denkt, will, das kann er nach außen tun. Solches vermag ein Tier nur in sehr beschränktem Maße. Das Tier gibt nur Signale, die zeigen: Ich will jetzt etwas zu fressen; ich will mich jetzt bewegen; ich will jetzt meinen Sexualpartner; ich will jetzt aus der Gefahr hinaus.
Alles, was durch die tierischen Laute zum Ausdruck kommt, dreht sich um das Funktionieren des Körpers und um die Befriedigung seiner Triebe.
Menschliches Sprechen kann es natürlich damit auch zu tun haben, kann aber viel mehr und ganz anderes ausdrücken.

Der Mensch kann sagen, was er von sich und anderen denkt, wie er zu Gott und der Welt steht, was er an dem, was ist, so gut findet, daß er es gefördert sehen möchte, warum er überhaupt auf dieser Erde weiterleben will.
Menschliches Sprechen bringt nicht nur Themen der Natur vor, sondern auch solche der Kultur, und diese zweite Gruppe von Themen ist für den Menschen typisch. Sie drehen sich sämtlich um die Frage: „Ich habe die größte Lust auf Wonne, Freude, Glück. Wie gelange ich in solche Verhältnisse, die das bieten?“ Sie betreffen auch den Bereich des Geistigen.

3. *Der Mensch denkt weiter und will mehr*

Der Mensch plant. Er ist zwar in Krefeld festgenagelt, weil er da lebt und arbeitet, ist aber gleichzeitig in Israel, im Land seiner Sehnsucht; er weilt zwar richtig im heutigen Tag, plant aber gleichzeitig eine Pilgerfahrt ins Heilige Land, ist also in Gegenwart und Zukunft zugleich.
Der Mensch kann die Grenzen, die ihm sein Ort und seine Zeit setzen, planend durchschreiten: in Gedanken, in Entwürfen, in Träumen, in Empfindungen.
Der Mensch hat sein Dasein nicht wie das spinnenartige Zeckentier, das ganz wie der Schlüssel ins Schloß eingeht, sondern er macht etwas aus seinem Dasein: er lebt geschichtlich, nach vorne hin, ist unterwegs, sucht, will höher; er rodet, entdeckt, konstruiert. Er ist nicht wie ein Tier in die Natur eingepaßt und da festgelegt, er schafft „Kultur: die vom Menschen handelnd veränderte Natur“ (Arnold Gehlen), er ist schöpferisch.
Der Mensch findet als Glaubender neue Arten, mit der Wirklichkeit umzugehen; die Härten des Lebens sind ja für niemanden, auch nicht für den Glaubenden, abgeschafft. Ein Glaubender jedoch findet sich mit dem Gegebenen nicht ab, er denkt nicht: „So ist das nun einmal. Da kann man nichts machen. Da kann man nichts machen an der persönlichen Not, an den gesellschaftlichen Verhältnissen, an der

politischen Situation.“ Ein Glaubender sagt nicht: „Das ist nun einmal die Lage“, sondern er meint: „Da muß etwas losgemacht werden. Da muß etwas passieren. Da müssen wir – Gottes Mitarbeiter in der Schöpfung – ans Werk!“ Ein Glaubender hofft eben: „Es geht weiter. Es kann besser werden. Was jetzt nicht zum Besten steht: durch uns Menschen, die von Gott daraufhin angesprochen sind, soll es zum Besten gewendet werden. Das Beste: es wird dann sein, wenn Gott das, was an unserem Werk fehlt, dazuschenkt.“

4. Der Mensch sündigt

Der Mensch richtet Unheil an. Er beschwört, ohne sich entschuldigen zu können, das Verhängnis der Sünde herauf und bringt es über sich und seine Mitmenschen: er kann in Streit verwickeln, in die Einsamkeit treiben, zum Hungern bringen, Verkehrsunfälle bauen, Krieg führen, die Umwelt verschmutzen . . .

Gott hat von dem Ganzen der Schöpfung Plan und Material, aber der Mensch kann dagegensein, der Mensch gibt Gott seine Zusage nicht, oder er gibt zwar seine Zusage, löst sie aber nicht ein: er denkt und arbeitet an Gott vorbei oder gegen Gott. Das nennen wir Sünde: der Mensch sondert sich ab von dem, was Gott in Bewegung gebracht hat.

Anders gesagt: Ich, der Mensch, bin ein Wort, das Gott spricht. Gott sagt nicht *etwas*, Gott sagt *mich selbst*: mich selbst mit dem, wie ich veranlagt bin; mit dem, was ich kann oder nicht kann; mit den Beziehungen, die ich habe zur Familie, zu Freunden, zu Feinden, zur Arbeitswelt, zur Umweltzerstörung usw.; mit den Ideen, die mir fehlen und die ich darum bei anderen suchen muß; mit der guten Kritik, zu der ich fähig bin . . .

Das alles sind Töne, die mitklingen in dem Wort Gottes, das ich selber bin. Darauf habe ich zu hören. Darauf muß ich antworten. Als Mutter oder Vater zum Beispiel höre ich in diesem meinem *„Wort Gottes“-Ich* etwa: „Dein kleines Kind braucht dich in seiner Nähe; es muß spüren können:

‚Sie/er ist da für mich'; an dir muß es das Gefühl entwickeln können: ‚Dich kenne ich, dir traue ich zu, daß du mich nicht verläßt.' Ohne dieses Gefühl wird dein Kind für immer innerlich heimatlos, ungeborgen sein können." Diesem *„Wort Gottes"-Ich* werde ich als Mutter oder Vater antworten müssen: Mein Verhalten ist die Antwort. Wenn sie anders ausfällt, als sie in meinem *„Wort Gottes"-Ich* nahegelegt ist, gibt es Unheil. Unheil aber ist das Gegenteil von dem, was Gott in Bewegung gebracht hat. Darum ist es Sünde: Absonderung von Gottes Vorhaben, das Ganze heil zu machen.

5. Der Mensch findet sich nicht ab mit dem Unheil

Der Mensch findet sich nicht ab mit Leid, Schuld und Tod. Ein Kind betete einmal: „Lieber Gott! Bitte, tu doch etwas, daß es keinen Krieg mehr gibt! Dann gibt es überall genug zu essen, und alle haben mehr Spaß. Dein Freund Frank."
Ein anderes Kind brachte folgendes ins Gebet: „Lieber Gott! Bitte, mache meine Schwester etwas hübscher, damit sie einen Mann kriegt! Vielen Dank! Dein Gerhard!"
Wenn auch diese Kinder von Gott die Vorstellung haben, er sei eine Art Zauberer, der den Menschen ihre zugefahrenen Situationen wieder aufmacht, so zeigen die beiden Gebete doch auch etwas sehr Typisches: Menschen finden sich nicht ab mit dem Leid. Frank findet sich nicht ab mit Krieg, Hunger und Trostlosigkeit; Gerhard findet sich nicht ab mit der Verlassenheit seiner Schwester. So sind die Menschen. Sie grübeln, denken, arbeiten und beten daran: Leid ist da, aber wir finden uns nicht damit ab.
Ein Zweites: Bernd, der Fünfjährige, meint zu seiner Mutter: „Ich glaube, mein Schutzengel ist weggelaufen." – „Wieso?" – „Weil ich jetzt immer wieder etwas verliere, jetzt wieder meine Handschuhe; und ich bin auch oft böse, wenn ich es nicht sein will."
Ein Mädchen von sechs Jahren meinte einmal: „Wenn man jemand nicht lieb findet, dann findet Gott einen auch nicht lieb."

Typisch Mensch: er findet sich nicht ab mit der Schuld. Er spürt sie, er kennt sie, er trägt sie, er möchte sie los sein. Ein Drittes: „Mutti stirbt doch nicht, bevor sie Oma ist?“ fragt ängstlich die dreijährige Bettina. Und Harald, der Fünfjährige, wünscht ebenso ängstlich: „Ich wollte, ich wäre nie auf die Welt gekommen.“ – „Warum nicht?“ – „Dann muß man wieder sterben, und das wird sehr weh tun.“
Typisch Mensch: er findet sich nicht ab mit dem Tod. Er begehrt auf dagegen. Seine große Sehnsucht, wenn sie nicht verdreht ist, heißt: Leben, volles, ganzes Leben!
Ein christliches Bild vom Menschen sagt sicher dies immer aus: Der Mensch ist ein Wesen, das aus der Bedrückung durch Leid, Schuld und Tod hinaus will.

6. Der Mensch liebt

Menschenart kommt dann am klarsten heraus, wenn Menschen sich mögen, wenn sie hinleben auf jene innere Haltung zu, die Paulus (1 Kor 13) beschreibt: Die Liebe ist langmütig und freundlich, sie hat auch dann noch Geduld, wenn etwas schon hundertmal gesagt worden ist. Die Liebe läßt sich nicht verbittern, sie droht nicht: „Das war das letzte Mal“, „Wenn du jetzt noch einmal . . .“, „Das war deine letzte Chance“, „Ich mache nicht mehr mit.“ Die Liebe hofft alles, sie gibt die Hoffnung, daß Gott etwas aus dem anderen machen kann, nicht auf; gegen Vererbung, gegen Charakterschwäche, gegen Milieueinfluß setzt die Liebe auf Gottes verändernde Kraft.
Der Mensch ist um so mehr in seiner Art, je mehr er liebt. Er ist um so mehr aus der Art geschlagen, je mehr er nicht liebt. Unverkehrte Menschenart, das ist nämlich dies: der Mensch lebt das Bild Gottes, und Gott ist Liebe.

7. Der Mensch glaubt

Der sowjetische Astronaut Juri Gagarin umkreiste in seinem Raumschiff „Wostok I“ am 12. April 1961 als erster Mensch die Erde. Nach seiner Rückkehr wollte ein Reporter von ihm wissen: „Haben Sie im Weltraum auch Gott gesehen?“ „Ich habe Gott nirgends gesehen!“ antwortete Juri Gagarin. Dieser – möglicherweise bestellten – Szene steht folgende Tatsache gegenüber: Am Heiligabend des Jahres 1968 umkreisten die amerikanischen Astronauten Borman, Lovell und Anders in Apollo 8 den Mond. Sie waren die allerersten Irdischen, denen das gelang. Frank Borman, der Kapitän des Raumschiffes, griff bei diesem großen Ereignis zur Bibel. Er las laut: „Gott schuf die Erde, den Mond und die Sterne ...“, und es lauschten dieser Lesung die beiden Astronauten in der Kabine, es lauschten die Vielen, die unten in Houston im Kontrollzentrum arbeiteten. Das großartige Erleben des Weltraumes hatte diese Astronauten Worte der Heiligen Schrift aussprechen lassen. Da erfährt ein Mensch auf bisher nie dagewesene Weise den Kosmos, und er sieht in dieser seiner Erfahrung einen Hinweis auf die Großartigkeit des Werkes, auf die Macht dessen, von dem der Kosmos stammt.

Menschen wie Frank Borman gibt es überall auf der Erde. Überall gibt es Menschen, die beten: der Arbeiter in Zaire in Afrika, die Großmutter in Bayern, die Familie in Laurensberg, die Jugendgruppe in Berlin. Dem Betenden ist klar: Es gibt mehr als das, was ich oder einer meiner Mitmenschen schaffen kann. All unsere Sachen und alle Geschichten, die wir machen, sind schnell am Ende. Vieles geht schief. Vieles bekommen wir gar nicht in Gang gesetzt. Wir sehnen uns danach, daß Angst ganz beseitigt wird und beseitigt bleibt, daß Frohsein kommt und bleibt, daß Liebe geschieht und heftiger wird.

Wir haben einen großen Traum: Wir träumen von Verhältnissen, die himmlisch sind. Dabei haben wir einen großen Glauben: Wir glauben an Gott, der darauf aus ist, daß unser Traum in Erfüllung gebracht wird.

Wenn einer Christ ist, glaubt er: Gott hat ein Verhältnis mit uns, Gott liebt uns, Gott läßt die Seinen nicht liegen, Gott organisiert einen Weg dorthin, wo dies gilt: „Sie werden nicht mehr hungern und nicht mehr dürsten, noch wird ferner die Sonne sengen, noch irgendeine Glut; denn das Lamm inmitten des Thrones wird ihr Hirte sein und sie leiten zu den Wasserquellen des Lebens, und Gott wird abwischen alle Tränen von ihren Augen" (Offb 7, 16-17).

8. Der Mensch hat einen solchen Wert, wie ihn nur Originale haben

Der Mensch ist ein Original. Es gibt jeden nur einmal. Keiner ist von der Stange. Es ist ein jeder so gestaltet, daß er unaustauschbar er selbst ist. Das, was „Ich" in mir sagt, ist einmalig. Ich bin ein unverwechselbarer „Jemand", ein Subjekt, eine Person. Ich bin kein Material, kein Rohstoff, wie ein paar Zeitungsblätter der Rohstoff für einen Papierhelm, ein Flugzeug, ein Schiffchen sein können oder auch für Verpackungsmaterial, fürs Lesen usw. Material sind Menschen niemals. Menschenmaterial gibt es nicht, denn Gott hat die Menschen nicht als Dinge gemacht, sondern jeden von ihnen als Original, mit persönlicher Beziehung zu ihm.
Ein jeder ist in seiner Art eine „ungemein wichtige Person", von Gott so gesehen. Ich bin nicht der Nichtsnutz vor Gott, der Kleine, den er übersehen müßte, einer von Unzähligen, der ihm gar nicht auffällt, ein Fall unter massenhaft ähnlichen Fällen. Für Gott bin ich immer eine VIP: very important person (= sehr bedeutende Person), wie die Amerikaner zu sagen pflegen, und dies nicht deswegen, weil ich besonders Prächtiges leiste, sondern einfach, weil ich ein Mensch bin, ein Original, ein Ursprünglicher, in einer Beziehung zu Gott, wie es sie kein zweites Mal gibt.

9. Der Mensch hängt am Menschen

Der Mensch lebt nicht allein. Keiner lebt wie Robinson, so verinselt, so für sich. Wir Christen glauben uns angesiedelt auf dem Festland des großen Ganzen der menschlichen Gemeinschaft.
Ein Mensch hängt immer am anderen: das Kind an Mutter

und Vater, die Geliebte am Geliebten und umgekehrt, Freunde aneinander, der Arbeitnehmer am Arbeitgeber und umgekehrt, der Traurige am Tröstenden, der Einsame am Menschen, der auf ihn zugeht. Ein jeder hängt an anderen, und an jedem hängen andere. Ich bin in deren Leben verwickelt, und sie sind in das meine verwickelt. Der Mitmensch ist meine Aufgabe. Ihn muß ich lösen, lösen von dem, was ihm Angst macht, was ihn zu kurz kommen läßt. Der Mitmensch ist auch meine Gabe. Er ist mir geschenkt, er nimmt mir meine Angst, er fördert mich. Der Mitmensch ist Aufgabe und Gabe, von Gott her mir so zugedacht.

IV. Wo komme ich her?

„Wo komme ich her?" So fragen Kinder im Vorschulalter und im frühen Schulalter, und sie fragen das oft in einer Art, die es einem Erwachsenen nicht leicht macht, darauf in der rechten Weise zu antworten. Es kann sein, daß das dreijährige Mädchen wissen will: „Wo kommt es her, das kleine Baby dort?" Es gibt sich anschließend selbst die Antwort und meint: „Es kommt aus dem Wald. Ganz weit von den Bäumen. Mutti hat es im Wald geholt." Es kann der Junge an der Frage „Wo komme ich her?" herumbohren und fragen: „Ja, aber wie geht das denn?" Darauf bekommt er vom Erwachsenen zu hören: „Du wächst in Mamas Bauch. Zuerst bist du so klein, und wenn du so groß bist, dann bist du fertig, dann wirst du geboren." Da kommt wieder die Frage: „Ja, aber wie geht das denn?" Daraufhin erklärt der Erwachsene: „Nun, Gott läßt dich dort wachsen, du bekommst da Augen und Haare und Fingernägel." „Ja, aber wie komme ich dorthin? Wie komme ich denn in dich hinein?" will der Junge wissen.
Wenn die Kleinen die Großen fragen: „Wo komme ich her?", können sie also verschiedenes im Auge haben, das sie gern wissen möchten. Vielleicht interessiert sie der Geburtsvorgang. Vielleicht interessiert sie der Zeugungsvorgang.

Vielleicht interessiert sie noch etwas anderes. Ganz egal, was das Kind im einzelnen erklärt haben will: die Kinderfrage „Wo komme ich her?“ ist immer um den Kern einer anderen Frage gewickelt, um den Kern der Frage: Was ist für den Christen die Ehe?

Anders gesagt: Es reicht nicht aus, dem Kind auf seine Frage nur eine Antwort aus einem Sachbuch über Kinderkriegen mitzuteilen. Wer nur das tut, der läßt sein Kind menschlich unterkühlt und christlich ungezeichnet. Menschlich unterkühlt, das meint: da erklärt einer dem Kind die menschliche Sexualität so, als ob bloß Dinge ineinander passen und Spannungen ausgelebt werden müßten; da läßt einer sein Kind nicht spüren: menschliche Sexualität ist anders als tierische Sexualität; menschliche Sexualität ist eine besondere Form, wie Menschen zueinander gut sein können. Dabei ist es so, daß der eine Mensch den anderen sucht, weil es ihm gut tut, für den eigenen Körper seine sexuelle Gespanntheit los zu sein und die körperliche Lust der Entspannung zu haben. Dabei ist es aber zusätzlich so, daß beide sich gegenseitig schätzen, weil sie Eigenschaften an sich entdecken, die sie gut finden: der andere sieht gut aus, der andere ist wahrhaftig, der andere ist treu, der andere ist hilfsbereit . . . Dabei ist es dann drittens so, daß beide sich gegenseitig lieben, weil sie wirklich füreinander dasein wollen; da geht es nicht um (sexuelle) *Dinge*, nicht um *Eigenschaften*, da geht es um den *ganzen Menschen*, seine Fehler eingeschlossen. Einander *suchen, schätzen und lieben*: das zusammen erst ergibt das, was volle menschliche Sexualität ausmacht; das ist mehr, als in einem Sachbuch über Kinderkriegen zu lesen steht. Das hat darüber hinaus – eben – alles mit Liebe zu tun. Daß ich auf der Erde bin, das muß, wenn es mit rechten Dingen zugeht, alles mit Liebe zu tun haben.

Wer für sein Kind nur die Sachbuchantwort bereit hält, der läßt es menschlich unterkühlt. Er läßt es aber auch christlich ungezeichnet, wenn er auf die Kinderfrage „Wo komme ich her?“ nicht mehr zu sagen hat als das Sachbuch. Christlich ungezeichnet, das heißt: Da erklärt jemand seinem Kind die

menschliche Sexualität so, als ob Gott mit ihr nichts zu tun habe, als ob die Ehe nicht auch etwas mit Gott zu tun habe, als ob uns Christen die Ehe nicht ein „Bündnis in Gott“ sei. Das mag sich so erläutern lassen: Eine Ehe, so glauben wir Christen, soll ein „Bündnis in Gott“ sein, so will es Gott. Sie ist es dann, wenn jeder der beiden Ehepartner für den anderen ein zweiter Christus sein will. Der Christus Jesus hat ein Leben gelebt, in dem abzulesen ist: „Ich liebe den Menschen und bin da für ihn. Auf diese Art zeige ich euch: so ist Gott. Gott liebt den Menschen, und Gott will, daß die Menschen auch einander lieben und dadurch beglücken.“ Christen glauben: Gott will, daß jeder von uns in seiner Ehe so wie der Christus Jesus ist, der eine solche Liebe aufbrachte, daß er sich eher kreuzigen und beiseite schaffen ließ, als daß er mit dem Lieben ein wenig aufgehört hätte. Wenn Christen heiraten, verpflichten sie sich: Wir gehören dem Christus Jesus zu, und darum bedeutet in unserer Ehe der eine für den anderen jene Liebe, die der Christus Jesus gezeigt hat. Jeder von uns beiden zeigt dem anderen: Dir schenke ich mich, dich möchte ich bereichern, dir möchte ich helfen, ein „ganzer Mensch“ zu werden: heilig zu sein. In ihrer Ehe bringen die Ehepartner besonders stark zum Ausdruck, was für *alle* gilt: Liebe und Treue. Die Eheleute bilden durch ihre Ehe ab, daß nach Gottes Plan nur Liebe eine wirkliche Grundlage für das Leben und für die Zukunft darstellt. Leben und Zukunft, wie sie im Kind zu finden sind, müssen in Liebe ihren Grund haben, wenn sie gelingen sollen.
Selbstverständlich ist nicht jeder bereit oder fähig, das in seiner Ehe abzubilden. Nicht jeder schafft seine Ehe als ein „Bündnis in Gott“. Auch nicht jeder Christ bekommt es hin, für seinen Ehepartner ein zweiter Christus zu sein. Dazu braucht es ein nicht kleines Maß an menschlicher Reife, an seelischer Festigung und an christlichem Glauben. Dies jedoch gibt es nicht in jeder Ehe, selbst dann nicht, wenn ihre Partner Christen sind. Manche christliche Ehe ist es in Wirklichkeit kaum oder gar nicht. Wir können nicht so tun, als sei eine solche auch ein „Bündnis in Gott“.

Diese Gegebenheit ändert aber nichts daran, daß wir Christen die Ehe so verstehen: Sie ist ein Abbild der Tatsache: „Leben entfaltet sich und glückt nur dann wirklich, wenn wir in uns den Egoismus abbauen und dem anderen ein zweiter Christus sind", und diese Tatsache findet sich nicht auf der Straße, nicht in der Natur, nicht in der Wissenschaft, nicht im Geschäftsleben, die gibt es nur mitgeteilt bei dem Jesus aus Nazaret. Von dem her haben wir sie.
Wer diese Tatsache sein Kind nicht spüren läßt, der läßt es christlich ungezeichnet, trotz Taufwasser und Kreuzzeichen, trotz Kindergebetbuch und Kirchgang.
Bei der Kinderfrage „Wo komme ich her?" geht es also im Grunde darum, daß unser Kind empfindet: Ich habe etwas zu tun damit, daß meine Eltern einander suchen, schätzen und lieben, und ich habe etwas zu tun damit, daß meine Eltern einander ein zweiter Christus zu sein versuchen, daß einer dem anderen zu spüren gibt: „Gott ist die Liebe."

V. Gibt es das: nie weinen?

Die Frage des Menschen nach dem Anfang von Welt und Mensch ist in der biblischen Erzählung von Adam und Eva im Paradies (Gen 2, 8-3, 24) beantwortet. Es ist eine Antwort nur für Erwachsene. Das, was die Hebräer damals, die Juden heute und wir Christen ebenfalls mit dieser Erzählung ausdrücken, können Kinder nicht verstehen. Vieles von dem, was sie in der Paradies-Erzählung hören, verstehen sie falsch, bringt sie zu Schlußfolgerungen, die nicht stimmen, läßt sie in Fragen hineinrutschen, die nicht nur nicht weiterhelfen, sondern komplizierter machen. Etwas von solchen Schwierigkeiten kommt heraus, wenn Kinder bemerken: „Hätten die beiden doch nur nicht auf diese blöde Schlange gehört. – Wegen so eines blöden Apfels wurde das Himmelstor geschlossen? – Wie kann der Gott nur so zornig und hart sein und wegen dieser Kleinigkeit die beiden aus dem Paradies hinausjagen? – Gott hätte im Paradies besser diesen

Baum weglassen sollen. – Ich meine, es ist ziemlich gemein von Gott: er gibt dem Adam die Schuld, und in Wirklichkeit hat es doch der Teufel getan. – Woher wissen wir das alles von Adam und Eva? Konnten sie schreiben?"

Wenn einem Kind die biblische Darstellung von Adam und Eva im Paradies vorgelesen oder nacherzählt wird, läßt es sich selten verhindern, daß Schwierigkeiten entstehen. Es läßt sich dann nämlich nicht verhindern, daß im Kind folgende Mißverständnisse aufkommen können: Es sieht so aus,

- als ob der primitive Anfang der Welt schön und ideal gewesen sei,
- als ob der „schöne" Anfang der Welt schiefgelaufen und Gott darüber so verärgert sei, daß er die Menschen aus dem märchenhaften Gottesgarten ausgesperrt habe,
- als ob Gott wie ein „böses Auge des Gesetzes", wie ein spitzfindiger oder gar ungerechter Polizist sei, der zu harte Strafen verteilt,
- als ob die Tür zu Gottes Güte jemals zugeschlagen sei und es nicht immer wahr sei, was im Gleichnis von den Schulden (Mt 18, 21-35), im Gleichnis vom aufgenommenen Sohn (Lk 15, 1) und in dem vom guten Hirten (Lk 15, 1) verkündigt ist: Gott ist unwahrscheinlich großmütig; Gott ist so treu: er gibt keinen auf; Gott ist so verzeihend: er nimmt den Versager auf, als hätte dieser ihn nicht enttäuscht; Gott bemüht sich um den Menschen, das ist sicher;
- als ob Adam und Eva es getan haben und daher wir nun einmal böse seien, also als ob wir persönlich für das, was wir Gott und Mitmensch schuldig bleiben, nicht ganz verantwortlich seien.

In Wirklichkeit ist die biblische Paradies-Erzählung eine Antwort auf die Frage, die wir alle immer wieder neu haben, nämlich auf die Frage: Wie kommt es, daß auf dieser doch schönen Erde der Mensch nicht glücklich ist?

In dieser Frage ist Adam nicht nur eine Figur, die am Anfang der Erde gelebt hat, sondern Adam ist Jedermann. Adam

und Eva sind wir. Der Garten, in dem wir leben, ist „ein normales Stück Erde, durchaus nicht so ideal und unwirklich; es ist das normale Leben der Arbeit und der Sorge für die Erde“ (J. Klink).
Der Baum in der Mitte unseres Gartens ist ein Zeichen. Er zeigt an: Der Mittelpunkt von allem, was es gibt, ist Gott. Es dreht sich im Grunde alles um Gott. Im anderen Fall, dann, wenn sich alles um den Menschen drehen soll, machen Menschen eine Sünde, eine Absonderung vom wahren Mittelpunkt. Sie geraten dann an den Rand, und das geht immer übel für sie aus. „Ihr werdet dann mit Sicherheit sterben!“ so lautet die Drohung an den Menschen, der sich selbst und seine Interessen zum Mittelpunkt macht (Gen 2, 17).
Nun fallen in der Erzählung vom Paradies Adam und Eva ja gar nicht tot um, als sie vom Baum in der Mitte des Gartens genommen haben. Gemeint ist mit dem „Ihr werdet sterben“ vielleicht: Ihr werdet euch – ihr seid ja frei – auf diese Weise an Gott vergreifen können! Ihr werdet, wenn ihr – statt um Gott als euren wahren Mittelpunkt – um euch selbst kreist, das Paradies unmöglich gemacht haben! Ihr werdet verloren sein!
Die Erzählung von Adam und Eva im Paradies zeigt: Der Mensch tut es tatsächlich. Er macht sich selbst zum Mittelpunkt, und die Folge davon ist: der Mensch ist an den Rand geraten. Das ist seine Schuld. Er hat nun geheimes Heimweh nach der wahren Mitte, er sehnt sich und sucht nach dem Bereich Gottes, in dem er sich zu Hause fühlt. Er fahndet nach dem „Leben für immer und ewig“, also nach der Verbindung zu Gott, dem wir im Grunde zugehören.
Dieses also, das, was in der biblischen Erzählung vom Paradies gemeint ist, müssen wir unser Kind spüren lassen. Nicht um ein Nacherzählen der biblischen Erzählung geht es, das würde – wie gesagt – nur Schwierigkeiten bringen. Es geht vielmehr darum, daß das Kind sich etwas vom Glauben der Erwachsenen nehmen kann, der da glaubt: Wir sind unterwegs zum Paradies, zum *„Nie mehr weinen“-Land*. Die große *„Es werde Licht“-Bewegung* Gottes führt ins *„Nie*

mehr weinen"-Land. An den Rand geraten und da festkleben, Heimweh haben und daran nichts machen können, das macht einem das Leben arg und dunkel und zum Weinen. Da braucht es den, der allein gut und licht und lachen machen kann: da gibt es Gott, der einem vergibt und in seiner *„Es werde Licht"-Bewegung* mitmachen heißt. Wenn bei dieser Bewegung wir mit von der Partie sind und unsere kleinen *„Es werde Licht"-Geschichten* machen, dann wird es hier schon immer paradiesischer.

Unsere Welt stellt mit ihren *„Es werde Licht"-Geschichten* das Material, aus dem der Himmel gebaut ist. Das hat vor über 700 Jahren der Dichter Friedrich von Sunburg einmal ganz treffend ausgedrückt:

„O wohl dir, Gottes Wundertal, ich meine dich, teure Welt!
Gott nimmt aus dir und hat aus dir genommen die Glut der höchsten Freuden:
die hohe Menschheit seines Sohnes, seine edle Mutter, alle Heiligen hat Gott aus dir genommen.
Wenn du nicht wärest, Welt, was wäre uns Gott?
Was wäre Liebe, was wäre Leid, was wäre Finsternis, was Licht?
Du zarter Gottesgarten, in dem Gott wunderbar Wunder gewirkt hat und manche treue Wundersaat keimen läßt!
Auch das himmlische Jerusalem muß er aus deinen Schätzen, Welt, ausstatten.
Aus dir werden alle seine Chöre des Lobes voll. –
Wer dich schilt, Welt, der schilt Gott."

Der Baumeister des himmlischen Jerusalem, dieses ersehnten *„Nie mehr weinen"-Landes*, ist selbstverständlich Gott. Wir können da nur Handlanger sein. Trotzdem: Wir sind zum Mitmachen angerufen. Allein bekommen wir das *„Nie mehr weinen"-Land* zwar nie hin, doch Gott belohnt unser Mitschaffen dadurch, daß *er* es uns fertigmacht.

Einzigartig ausgedrückt finde ich die christliche Wahrheit vom Paradies in Heinz Bielefeldts Kinderversen:

Mit meiner kleinen Hand
bau sogar ich
ganz froh und frisch
am „Nie mehr weinen“-Land.

Komm, gib mir deine Hand.
Ich bau für dich,
du baust für mich
am „Nie mehr weinen“-Land.

Gibt jeder seine Hand
wie du und ich,
dann nähert sich
das „Nie mehr weinen“-Land.

Gott schenkt in jede Hand,
in dich und mich
und mich und dich
das „Nie mehr weinen“-Land.

VI. Wer ist das: Gott?

„Du sollst dir kein Gottesbild machen, keinerlei Abbild, weder dessen, was oben im Himmel, noch dessen, was unten auf Erden, noch dessen, was in den Wassern unter der Erde ist" (Ex 20, 4-5), so heißt es in dem Testament, das den Hebräern eröffnet und dann auch uns Christen vermittelt wurde. Es ist also verboten, sich von Gott ein Bild anzufertigen, ein Ding zu machen, sich an dieses Ding zu hängen und es anzubeten; denn Dinge sind Dinge, anders gesagt: „Ein Holz ist es (das Götzenbild), das man im Walde gehauen, ein Machwerk, das die Hände des Werkmeisters mit der Axt gefertigt. Mit Silber und Gold macht man es schön, mit Hammer und Nagel macht man es fest, daß es nicht wackle. Der Scheuche im Gurkenfeld gleichen sie und können nicht reden; tragen muß man sie, denn sie können nicht gehen.

Fürchtet euch nicht vor ihnen, denn sie tun nichts Böses; aber auch Gutes zu tun vermögen sie nicht“ (Jer 10, 3-5). Verboten also ist es, ein Stück Natur zu vergöttlichen, und zwar deswegen, weil sie nur Dinge enthält, die über den Menschen nichts zu sagen haben. Verboten ist nicht, sich von Gott eine Vorstellung zu machen. Es wäre ganz widermenschlich, wenn es nicht richtig sein könnte, sich Gott vorzustellen. Es ist typisch menschlich, sich von allem ein Bild zu machen. Ohne ein Bild von etwas zu haben, sind wir unsicher, sind wir arm dran, können wir nicht entscheiden. Wenn wir uns für oder gegen den Glauben an Gott entscheiden sollen, brauchen wir eine Vorstellung, ein Bild von Gott. Das ist nicht nur nicht verboten, sondern nötig.

Für das Kind ist ein Bild von Gott besonders wichtig, denn es denkt nicht so abstrakt wie die Erwachsenen: nicht so begrifflich, nicht so losgelöst von dem, was man sieht und hört und faßt, nicht so „nur gedacht“.

Diese Notwendigkeit des Kindes, von Gott ein Bild zu haben, zeigt sich in folgenden Begebenheiten:

Die Lehrerin macht mit der ersten Klasse einen Ausflug. Vor Antritt der Fahrt mit der Straßenbahn betet sie mit den Kindern, der Heiland möge sie begleiten. Später, beim Nachhausekommen, äußert ein Junge: „Ich habe Jesus nirgends gesehen. Er saß sicher auf dem Bügel der Straßenbahn.“

Ein Fünfjähriger überlegt so: „Ist Gott kein Mann? Kann man ihn nicht sehen? Dann ist er also eine Glasscheibe.“

Ein sechsjähriges Mädchen will wissen: „Ist Gott ein Junge oder ein Mädchen?“ „Nein“, bekommt es zur Antwort, und es zieht daraus den Schluß: „Dann ist Gott also ein Mittelding.“

Ein Bild haben von Gott ist für jeden wichtig, für die Kinder am meisten. Ein Bild haben von Gott ist allerdings nicht in jedem Fall ungefährlich. Gefährlich wird es, wenn einer meint: Gott ist genau so, wie ich ihn mir vorstelle. Gefährlich ist es, wenn einer vergessen hat: Gott ist unfaßbar. Wir schaffen es nie, den geheimnisvollen Gott zu begreifen und

zu beschreiben. Jedes Bild, das wir uns von Gott machen, ist ungenügend. Mit Gott und uns verhält es sich ungefähr so, wie es in folgenden beiden Antworten vorkommt: „Was können wir *über* Gott sagen? Nichts. Was können wir *zu* Gott sagen? Alles“ (M. Zwetajewa).
Besser als *ein* Bild von Gott sind darum *mehrere* Bilder von Gott: viele Bilder, die alle etwas von Gott ausdrücken, das stimmt.
Besser als Bilder aus dem Bereich der Natur sind Bilder aus dem Bereich des Menschen, um etwas über Gott auszusagen. In der Natur gibt es nämlich nur Unpersönliches: Erde, Sturm, Stille, Licht, Wasser, Fels, Lebenskraft . . . Unter den Menschen gibt es dagegen sehr Persönliches: Hören, Sehen, Spüren, Wagen, Glauben, Sehnen, Helfen, Lieben . . .
Es ist etwas an dem, was ein Sechsjähriger einmal meinte. Er fragte: „Wie sieht aber der liebe Gott aus?“ Zur Antwort bekam er: „Weiß ich nicht, man kann ihn nicht sehen.“ Er fragte weiter: „Sieht er aus wie ein Mensch?“ Zur Antwort erhielt er: „Weiß ich nicht.“ Er dachte seinen Gedanken weiter und meinte: „Sieht er aus wie ein Tier? Dann nehme ich doch lieber an, daß er wie ein Mensch ist.“ Richtig an dem, was der Junge äußert, ist dies: Wenn wir über Gott sprechen, nehmen wir unsere Vorstellungen am besten aus dem Bereich des Menschen. Der Bereich des Menschen nämlich enthält viel Persönliches (Werten, Helfen, Lieben . . .), und manches davon kann ein Bild sein, das Gott zeigt.
Mit Hilfe von drei verschiedenen Bildern könnte man versuchen, die Frage, wer Gott ist, etwas zu beantworten. Es handelt sich bei diesen Bildern von Gott um Vergleiche:
Gott ist wie der liebste Freund,
Gott ist wie die beste Mutter, die es gibt,
Gott ist wie ein unwahrscheinlich guter Vater.
Was gemeint ist, möchte ich jetzt verdeutlichen mit Hilfe von drei Erzählungen aus der Werkmappe „Carolin & Marius“ (Verlage Butzon & Bercker, Kevelaer / Bernward,

Hildesheim / Morus, Berlin), die im Hinblick auf den „Zugang zum Christsein“ der Kinder im Vorschulalter und im frühen Schulalter entwickelt worden ist. Diese drei Erzählungen sind Vergleich-Geschichten. Das heißt: das menschlich Gute, das in ihnen zu Wort kommt, kann als Vergleich dienen für das göttlich Gute, das wir Christen betonen, wenn uns einer fragt: „Wer ist das: Gott?“

Das erste Bild von Gott hängt an der Geschichte von Jürgen, dem ausgestoßenen und ausgebuhten Jungen im zweiten Schuljahr, der in dem siebzehnjährigen Fußballtorwart Klaus seinen tollen Freund findet. Klaus beschützt Jürgen, er beschenkt ihn, er bringt ihm gekonntes Fußballspielen bei, er macht, daß Jürgen seine Angst los wird und sich ganz neu fühlt.
Jürgen geht ins zweite Schuljahr. Viele Jungen und Mädchen sind mit ihm zusammen in der Klasse. Anfangs hatte Jürgen Freude an den vielen Kindern. Jetzt aber freut er sich nicht mehr, jetzt hat er Angst vor ihnen.
In der Pause rufen sie „Lumpenkerl“, „Dreckspatz“ hinter ihm her. Manche Jungen hauen oder treten ihn. Jürgen wehrt sich nicht. Er ist einfach traurig.
Seinen Eltern erzählt er nicht viel davon. Er hat Angst, daß sie sagen: „Du mußt dich wehren!“
Jürgens Vater verdient wenig. Die Familie wohnt in einem ganz schäbigen Haus, wo die Miete nicht so hoch ist. Jürgen hat nie eine neue Hose oder einen neuen Pullover. Immer muß er die alten Sachen anziehen, die seine beiden größeren Brüder schon getragen haben. Dreckig aber ist Jürgen nicht! Er wäscht sich morgens, bevor er zur Schule geht, besonders sorgfältig. Jürgen wird immer dann richtig froh, wenn Ferien sind. Jetzt aber – in der Schulzeit – geht es ihm nicht gut. Er hat Angst vor den Kindern, er hat auch Angst vor dem Lehrer. Wenn er aufgerufen wird, weiß er meist die Antwort nicht. Manchmal schimpft der Lehrer mit ihm.
Eines Tages geht Jürgen wieder zur Schule. An der nächsten Straßenecke sieht er zwei Jungen aus seiner Klasse. Ganz

klein möchte Jürgen sich machen, damit sie ihn nur nicht sehen. Doch sie entdecken ihn und rufen laut: „Da kommt ja der Angsthase! Guck mal, Jürgen hat wieder Lumpen an.“ Jürgen möchte am liebsten nach Hause laufen, aber das geht nicht. Was sollte er seiner Mutter sagen?
Da hört er eine Stimme: „Was seid ihr aber ekelhaft! Laßt den Jungen doch in Ruhe!“
Erstaunt schaut er auf und sieht einen jungen Mann, den er kennt. Er kann nämlich von seinem Kletterbaum aus auf den Fußballplatz gucken, und das tut er gern. Der junge Mann ist der Torwart vom FC Teutonia. Jürgen bewundert ihn, und er träumt manchmal: Ein so guter Torwart möchte ich sein, dann lacht mich keiner mehr aus.
Der junge Mann kommt auf ihn zu, faßt seine Hand und sagt: „Ich heiße Klaus, und du bist der Jürgen, nicht?“
Jürgen nickt, er kann gar nicht sprechen, so stolz ist er. Er sieht, daß die anderen ganz erstaunt zu ihm schauen. Jürgen hat plötzlich keine Angst mehr. „Ich gehe mit dir zur Schule“, sagt Klaus, „denn ich muß sowieso zur Berufsschule dort vorbei.“ Jürgen erzählt dem Klaus von seinem heimlichen Zuschauerplatz.
„Komm heute nachmittag zum Training, dann bringe ich dir bei, wie man gut spielen kann“, fordert Klaus ihn auf. „Ich hole dich auch ab.“
An der Schule treffen sie viele Kinder, und alle sehen neugierig zu den beiden hin.
„Was hat der denn mit dir?“ fragen die Jungen den Jürgen.
„Der ist mein Freund“, sagt Jürgen.
Keiner ruft jetzt ein böses Wort, sie sehen ihn nur neugierig an. Jürgen sieht so anders aus, gar nicht mehr ängstlich.
Am Mittag rennt Jürgen nach Hause und erzählt beim Essen von seinem Freund.
Wirklich: um fünf Uhr kommt Klaus und holt ihn ab. Klaus hat einen Trainingsanzug und ein Paar Fußballschuhe mitgebracht.
„Hier, Jürgen, probier einmal an, das ist mir alles längst zu klein.“

Jürgen strahlt, und siehe da: die Sachen passen!
Das Training wird für Jürgen herrlich; Klaus kümmert sich sehr um ihn.
„Du wirst einmal ein guter Spieler“, sagt er anerkennend. „Du mußt nur regelmäßig üben.“
Und ob Jürgen das tut! Morgens trifft er den Klaus auf dem Schulweg und jeden Mittwoch beim Training. Bald wird Jürgen ein guter Fußballspieler. Wenn der Lehrer ihn aufruft, hat Jürgen keine Angst mehr. Die Kinder in seiner Klasse lachen ihn nicht mehr aus. Die Jungen möchten jetzt in der Pause mit ihm spielen. Sie wollen auch seine Freunde sein. Klaus ist aber Jürgens bester Freund. Seit er einen solchen Freund hat, fühlt er sich ganz neu.

Das zweite Bild von Gott ist gezeichnet im Anschluß an die Geschichte von der lungenkranken Ruth. Ruth findet ihre Mutter wunderbar, denn diese erzählt, singt und sorgt für sie. Sie hört sich alles an, was Ruth sagt und fragt, sie besucht Ruth im Sanatorium, sie macht, daß Ruth nicht weinen muß.
Das ist die Geschichte von Ruth: von Ruth, dem kleinen Mädchen aus Kirchzarten. Es ist eine traurige Geschichte, und doch eine frohe Geschichte. Sie ist traurig, weil Ruth krank ist. Sie ist krank an der Lunge, hat der Arzt gesagt. Ruth muß darum immer liegen. Sie darf nicht herumlaufen, nicht springen, nicht turnen, nicht ihre Freundin Regina besuchen, nicht mit ihrem Vetter Heinz spielen; sie darf fast überhaupt nichts von dem, was sie gern tun möchte; sie darf auch nicht mit in die Stadt, nach Freiburg, fahren, wenn die Mutter schöne Sachen einkauft; Ruth muß immer liegen, im Bett oder auf dem Sofa oder im Liegestuhl.
Das ist gar nicht schön, es ist langweilig, es ist traurig; und Ruth wäre sicher schon lange sehr traurig geworden, und sie müßte gewiß immer nur weinen, wenn da nicht die Mutter wäre.
Die Mutter nämlich erzählt der Ruth oft Geschichten: lustige oder spannende. Sie singt für Ruth Lieder. Eben gestern hat die Mutter ein ganz neues Lied gesungen:

„Tatü, tata, die Post ist da!
Für uns ist auch ein Brief darin
von Tante Toni aus Berlin,
die will uns bald besuchen
bei Kaffee und bei Kuchen.
Die Post ist da, tatü, tata!“

Manchmal liest die Mutter der Ruth aus der Zeitung etwas Wichtiges vor; sagt ihr, was es Neues gibt im Dorf; kauft ihr schöne Bilder- und Malbücher; kocht der Ruth ihr Lieblingsessen.
„Du bist die allerbeste Mutter, die es gibt“, sagt Ruth, und das ist wahr: Die Mutter ist immer da, wenn Ruth sie braucht. Die Mutter macht, daß Ruth nicht weinen muß.
Eines Tages aber kommt der Arzt und sagt: „Wir müssen Ruth nach Sankt Blasien bringen. Da ist ein ganz besonderes Krankenhaus. Da kann Ruth wieder gesund werden. Morgen kommt ein Krankenwagen und fährt sie hin.“
Das waren für Ruth schlimme Worte. Jetzt muß sie also weg von ihrer Mutter. Nun muß sie in ein fremdes Haus. An diesem Abend malt sie auf die Rückseite einer alten Tapete ein großes Bild. Da ist ein Haus, das ist ganz zu. Es hat keine Tür und auch keine Fenster. Das Haus ist wie ein einziges großes Zimmer. An der Seite steht ein Bett, und darin liegt ein kleiner Hase. Mitten im Zimmer steht die Hasenmutter. Die guckt auf das Hasenkind. An der Wand hängt ein Paar Hasenohren. Die sind zum Auswechseln. Die kann die Hasenmutter sich anziehen, wenn ihre Ohren müde sind vom vielen Hören. Sie hört sich nämlich immer an, wie es dem Hasenkind geht, was es wünscht, was es erzählt, was es fragt; und das Hasenkind fragt und erzählt viel.
„Die Hasenmutter ist immer gut zu dem Hasenkind“, sagt Ruth, „das Hasenkind will immer bei der Mutter bleiben.“
Am nächsten Tag kommt das Auto und bringt Ruth nach Sankt Blasien. Die Mutter fährt mit, und sie fährt jeden Dienstag und jeden Freitag dahin und besucht Ruth: Dann erzählt sie und singt sie und sorgt sie für Ruth so, wie sie das

zu Hause tat. Die Mutter macht auch jetzt, daß Ruth nicht weinen muß.
Gerade hat Ruth wieder ein neues Lied gelernt, und das summt oder singt sie nun oft am Tag:

„Die Tiere machen Karneval
zu Marburg an der Lahn.
Der Hahn trägt einen Regenschirm
und schreitet stolz voran.
Auf einem Fahrrad fährt der Bär,
in Stiefeln kommt der Ackergaul,
die Gans hält einen Luftballon,
die Kuh hält eine Pfeif' im Maul."

Montags und mittwochs, donnerstags, samstags und sonntags kann die Mutter nicht nach Sankt Blasien kommen. Um so oft zu kommen, ist der Weg zu weit. Aber auch montags und mittwochs, donnerstags, samstags und sonntags ist Ruth nicht traurig. An diesen Tagen sieht sie sich oft das schöne grüne Halstuch an, das an ihrem Bett festgebunden ist. Es ist das Halstuch der Mutter. Immer, wenn Ruth es sieht, denkt sie: „Meine Mutter ist die beste Mutter, die es gibt."
Ein ganzes Jahr lang muß Ruth in Sankt Blasien bleiben. Dann ist sie gesund. Dann darf sie nach Hause. Es ist Sommer. Das Wetter ist herrlich. Da meint die Mutter: „Jetzt ist es Zeit, daß wir beide uns etwas erholen. Wir fahren nach Heuweiler zu Onkel Thomas. Das wird uns guttun."
Bald kann Ruth davon ein neues Lied:

„Der Fritz, der fährt nach Helgoland,
der Peter fährt nach Rom;
doch ich fahr' jetzt in jedem Jahr
aufs Dorf zu Onkel Tom."

Das dritte Bild von Gott rührt an die biblische Geschichte vom verlorenen Sohn (Lk 15), der einen unwahrscheinlich guten Vater hat, denn der Vater hat einen Blick für den Jun-

gen; er wartet auf ihn, er freut sich an ihm, er macht ein Fest für ihn.
Es hat einen Mann gegeben, der war ziemlich tüchtig. Er besaß ein schönes Haus und eine Fabrik und zwei schnelle und teure Autos, und viele Arbeiter arbeiteten in seiner Fabrik. Der Mann hatte zwei Söhne. Beide waren inzwischen schon groß, und beide waren ihm lieb. Der eine von ihnen, der jüngere, kam zum Vater und sagte: „Gib mir bitte das Geld, das du mir geben willst, schon jetzt. Ich will weg von hier."
Da teilte der Vater alles, was er besaß, unter seine beiden Söhne.
Ein paar Tage noch, da nahm der jüngere Sohn seinen Sportwagen und brauste damit ab. Er kam weit herum in der Welt und hatte ein herrliches Leben. Er sah schöne Landschaften mit Bergen und Seen. Er wohnte in wunderbaren Gasthäusern, in denen es das beste Essen und den teuersten Wein gab. Er freundete sich an mit schönen Frauen, denen er kostbare Geschenke gab. Er kaufte sich gute Anzüge, so daß alle Leute seine Kleidung bewunderten. Er kam in ein fremdes Land und hatte dort viel Spaß, der jüngere Sohn, aber auf einmal merkte er: Das Geld ist alle. Ich habe kein Geld mehr für Essen und Trinken, für Autofahren und schöne Frauen, für Anzüge und Spaß.
Das aber geschah genau zu der Zeit, als in dem Land, in dem er jetzt lebte, eine arge Hungersnot ausbrach. Viele Menschen dort litten bösen Hunger, und keiner war da, der ihm von seinem Frühstück ein Brötchen abgeben konnte oder von seinem Mittagessen ein paar Kartoffeln oder von seinem Abendessen eine Tasse Tee. So kam es, daß er hungern mußte, ihm tat der Bauch ganz weh vor Hunger. Er mußte sich eine Arbeit suchen, fand auch eine: er sollte an einem kleinen See aufpassen, daß keiner da Fische angelte. An diese Fische nämlich durfte niemand heran. Der Mann sah im See die Fische: dicke, fette, aber fangen durfte er davon keinen. Von dem Geld, das er fürs Aufpassen bekam, konnte er sich zum Essen nichts kaufen, denn Brot oder Reis oder etwas anderes zum Essen gab es nicht zu kaufen.

Der Hunger des jüngeren Sohnes wurde immer schlimmer, und als er schon richtig hungerkrank war, da dachte der Sohn: „Mein Vater! Bei ihm bekommen jetzt sicher alle etwas zu essen: die Fabrikarbeiter und sein Autofahrer, der Gärtner und die Dienstmädchen. Die werden es gut haben bei meinem Vater! Und ich sitze hier und bin schon halbtot vor Hunger. Ich bin das selber schuld. Es war falsch, was ich getan habe. Ich will mich aufmachen und zu meinem Vater gehen. Ich werde ihm sagen: Vater, es tut mir leid, ich bitte dich: verzeih mir, es war nicht richtig, was ich getan habe! Laß mich bei dir jetzt wie einer deiner Fabrikarbeiter sein. Die haben es gut! Die sind zu beneiden!"
Da versuchte der jüngere Sohn, zu seinem Vater zu kommen. Das dauerte lange. Seinen Sportwagen war er los. Seine hübschen Anzüge besaß er nicht mehr. Freunde hatte er keine mehr. Der Junge war nicht mehr wiederzuerkennen, so schlecht sah er aus, und noch war er weit von dem alten, schönen, großen Haus seines Vaters entfernt, noch war er auf der Straße dorthin ein weites Stück weg vom Haus: da hatte ihn sein Vater doch schon erkannt! Der Vater kam heraus, lief die Straße entlang ihm entgegen, schloß den Jungen in seine Arme und küßte ihn herzlich und lange. Wie eine ganz liebe Mutter, so lieb war der Vater zu ihm.
Da stotterte der Junge: „Vater, es tut mir leid, ich bitte dich: verzeih mir, es war nicht richtig, was ich gemacht habe! Ich habe es nicht verdient, dein Sohn zu heißen!"
Der Vater aber rief seinen Leuten zu: „Schnell! Legt neue Kleider heraus für ihn! Mein Sohn ist wieder da! Bestellt in der Küche ein tolles Essen! Wir machen ein Fest! Mein Sohn war weg, jetzt ist er wieder da. Das gibt ein Fest!"
Es gab ein Fest, wie es noch nie eins gab. Beim Festessen saß neben dem Vater der Sohn, der umgekehrt war, und der Vater und der Sohn und die Leute konnten erzählen und lachen und tanzen und glücklich sein.

VII. Wo ist Gott?

Wenn ein Kind mit der Frage „Was ist das?" seine Umgebung ausgiebig befaßt hat, wendet es sich der Frage zu: „Wo ist es?" Spürt man genau auf, was das Kind mit dieser neuen Frage eigentlich erfragen möchte, dann kommt heraus: Das Kind will wissen: „Wo ist es *für mich*?" Die Kinderfrage „Wo ist Gott?" ist demnach kaum eine Frage nach dem Ort, so daß einer sagen könnte: Gott ist im Himmel, Gott ist in unserem Herzen, Gott ist überall. Die Kinderfrage „Wo ist Gott?" meint vielmehr: Wie bekomme ich die Gegenwart Gottes für mich zu spüren? Wie erreiche ich Gott, wenn ich ihn brauche? Woran bin ich mit Gott?

Bevor wir uns klarmachen, was in diesem neuen Themenbereich christlicher Glaube ist, schauen wir uns zunächst einmal diejenigen Antworten an, die da so oft gegeben werden. Sie alle enthalten etwas, das stimmt, aber sie enthalten mehr, das nicht stimmt.

Wenn einer meint: „Gott wohnt im Himmel", dann ist daran richtig: Gott ist majestätisch, heilig, herrlich. Nicht richtig ist, daß Gott hoch in der Luft, weit in der Ferne, oben das strenge allsehende Auge sei.

Wenn jemand äußert: „Gott wohnt in unserem Herzen", dann stimmt daran: Mit Gott können wir verbunden sein, ihn können wir im Sinn haben, von seinem Geist können wir bewegt sein. Es stimmt nicht, daß Gott in unserem Herzen wie in einem Nest hocke, wie in einem Kästchen eingeschlossen sei, wie eine Stimme spreche.

Wenn man sagt: „Gott ist überall", dann ist darin zu Recht ausgedrückt: Gott ist da, Gottes Gegenwart reicht weit. Nicht zu Recht ausgedrückt ist darin, daß Gott alles sei und alles göttlich, so als ob die Natur nicht von Gott geschaffen und Gott als ihr Schöpfer nicht ganz anders als das Geschaffene sei.

Diese drei Antworten auf die Kinderfrage „Wo ist Gott?" sind also falsch und richtig zugleich. Sie geben deswegen nicht gut das wieder, was christlicher Glaube ist.

Was hier christlicher Glaube ist, wird eher deutlich, wenn man sich vorher klarmacht: Gott wohnt nicht wie wir in Bern oder in Graz, in Luxemburg oder in Frankfurt, Gott wohnt in dieser Weise nicht an einem Ort. „Ort Gottes“, das ist vielmehr eine Geschichte, in die wir verwickelt werden können.
Es gibt Geschichten, die passieren und in denen kommt Gott vor. Nicht in jedem Ereignis, das geschieht, ist Gott für mich drin, aber es gibt drei Arten von Geschichten, in denen Gott da ist für mich, mir begegnet, mit mir spricht, mir etwas zu sagen hat. Er kommt in diesen drei Arten von Geschichten vor als der Herrliche und Gewaltige, der sich uns nicht aufdrängt mit seiner herrlichen und gewaltigen Gegenwart, sondern sich birgt und verbirgt und suchen läßt, erstens in Menschen, die bedürftig sind, zweitens in Menschen, die helfen, und drittens in Menschen, die an ihn glauben.
Gott ist da auf eine ganz besondere Weise: Der Überlegene läßt sich treffen im *Hilflosen*, der große Heiland läßt sich sehen im *Helfenden*, der ganz Andere zeigt sich in dem, der ihn *anbetet.* Gott ist der Gewaltige, und doch kommt er uns so nicht.
Er kommt uns vielmehr in einfachen und alltäglichen *„Da ist Gott“-Geschichten*: da, wo es passiert, daß einer bedürftig ist, und da, wo es geschieht, daß jemand hilft, und da, wo es sich ereignet, daß einer an Gott glaubt. Dadurch ist der Jenseitige der ganz Nahe, und der Treffpunkt mit Gott ist nicht unbedingt in einer Kirche oder im Tod oder im Himmel. Der Treffpunkt kann heute hier und morgen dort sein, immer da, wo eine *„Da ist Gott“-Geschichte* passiert.
Kinderverse von Heinz Bielefeldt drücken das Gesagte treffend so aus:

> Viele Menschen helfen gerne.
> Das ist immer die Geschichte:
> die besondere Geschichte.
> Was ist da geschehen?
> Jedesmal wir sehen
> eine „Da ist Gott“-Geschichte.

Viele Menschen brauchen Hilfe.
Das ist immer die Geschichte:
die besondere Geschichte.
Jedesmal wir sehen
eine „Da ist Gott"-Geschichte.

Viele Menschen beten gerne.
Das ist immer die Geschichte:
die besondere Geschichte.
Jedesmal wir sehen
eine „Da ist Gott"-Geschichte.

VIII. Kann Gott alles?

„Gott ist allmächtig", so glauben wir. Wir verstehen das aber oft ganz falsch. Dieses Falsche übernimmt unser Kind, und dann mag es sein, daß es meint: „Gott kann Mama wieder gesund machen" - „Ja, wenn er will" – „Und wenn er nicht will, dann tut er es ein anderes Mal" (zwei Jungen: vier und sechs Jahre alt).
Gott wird als Alleskönner gesehen. Wenn er nun etwas, was er anscheinend kann, trotzdem nicht tut, dann muß das wohl daran liegen, daß er nicht will: einmal will er, einmal will er nicht. Gott ist willkürlich. Gott ist launig. Gott ist so unberechenbar wie das Wetter im April.
Ein Vierjähriger wird gefragt: „Wie soll der Hund wieder besser werden?" Er meint: „Das muß Gott tun, Gott hilft uns doch." Dieser Junge ist der Ansicht, Gott sei mit einem direkten Draht mit allem Unglück verbunden. Er geht im Grunde davon aus, Gott sei ein Arzt, Gott sei ein Lehrer, Gott sei ein Landwirt, Gott sei ein Rechtsanwalt, Gott sei ein Fabrikant, Gott sei ein Techniker, Gott sei ein Politiker usw., und er sei das alles auf ganz vollkommene und allmächtige Weise. Darum könne er sich in alles Unglück direkt einschalten, um es abzustellen. Darum könne er sich zum direkten Urheber des Glücks machen. Darum könne er sich als die direkte Lösung aller Probleme anbieten.

So direkt aber, wie sich das unsere Kinder und Erwachsenen oft vorstellen, ist Gott zu dem, was in unserer Welt passiert, nicht.
In die Welt, die er geschaffen hat, hat Gott Gesetze hineingetan. Diese Gesetze sind jetzt da, und alles muß nun so ablaufen, wie sie es regeln. Da werden Wunden eben nicht von Gott direkt geheilt, sondern dadurch, daß das richtige Medikament angewendet wird. Da wird bei den Olympischen Winterspielen der Sieg im Langlauf eben nicht von Gott direkt verursacht, sondern der Sieg kommt dadurch, daß der Läufer gut in Form ist.
Genau andersherum aber sah das eine Sechsjährige, die feststellte: Eine Skiläuferin bekreuzigt sich vor der Abfahrt; sie betet darum, daß sie gewinnt; als sie dann stürzt, meint unsere Sechsjährige:
„Der Herr Jesus hat nicht gut genug geschoben."
Wir dürfen Gott nicht unterstellen, er sei überall direkt beteiligt, er könne überall direkt eingreifen.
Die von Gott geschaffene Welt hat von Gott gegebene Naturgesetze, nach denen sich die Welt entwickelt, und darum hat Gott da seine Hand nicht so direkt im Spiel, wie wir das gelegentlich meinen.
Noch deutlicher werden muß unsere Überlegung, wenn wir an Katastrophen denken wie Überschwemmung, Erdbeben usw. oder an Katastrophen wie unerklärliche Körperbehinderung und rätselhafte Krankheit. Was hat damit Gott zu tun?
„Warum läßt Gott manche Kinder so krank geboren werden, daß sie nicht gehen können?" will ein Mädchen wissen, und ein Junge stellt fest: „Meine Mutter hat ein totes Kindchen bekommen. Warum hat Gott sie zuerst froh gemacht und dann traurig? Gott ist gemein!"
Gott hat das eben nicht gemacht. Gott schickt keine Krankheit, keine Traurigkeit, kein Unglück. Gott schickt den Christus Jesus, der uns klarmacht: Euer Gott ist ganz Liebe!
Dürre, Verunstaltung der Schöpfung usw. sind Gottes Wille und Werk nicht. Die von ihm gewollte und angesetzte Welt

mit ihren Naturgesetzen hat anscheinend einen Spielraum. Deswegen kann es wohl vorkommen, daß Naturgesetze sich durchkreuzen oder zu stark oder zu wenig zum Zuge kommen. Es sieht dann nach einem Durcheinander in der Natur aus. Es stimmt dann etwas nicht. Die Naturgesetze, die Gutes bringen sollen (*„So soll es sein"-Sachen*), bringen Ungutes. Das ist gegen Gottes Willen und ist trotzdem so. Es gibt in der Natur Geschehnisse, die gegen Gottes Willen sind. Warum das so ist, wissen wir nicht. Vielleicht soll es uns Menschen antreiben, noch mehr uns die Erde untertan zu machen. Vielleicht soll es uns dazu bringen, mehr darüber nachzudenken, ob wir selbst schuld haben.

Es gibt noch eine dritte Überlegung, die bei der Kinderfrage „Kann Gott alles?" wichtig ist. Diese Überlegung ist wichtig, wenn unser Kind etwa folgendes meint: „Gott kann zaubern. Wenn ein Auge kaputt ist, dann gibt Gott dir wieder ein anderes Auge, nicht wahr?" (Junge: fünf Jahre).

Wer so denkt, der muß folgerichtig auch sagen: Gott ist verantwortlich für den Autounfall, für die Arbeitslosigkeit, für das Unrecht, für den Krieg. Er kann zaubern. Er könnte das alles also verhindern. Was für ein Gott ist der, der dies nicht verhindert, obwohl er es kann?

Wer sich oder sein Kind dahin geraten läßt, daß man so denkt, der hat sich oder ihm vorher nicht genügend klargemacht, daß Gott den Menschen als *freien* Menschen geschaffen hat. Davon haben wir im Kapitel III („Was ist das: der Mensch?") gesprochen: Der Mensch kann Unheil anrichten. Der Mensch ist frei; er kann denken, planen, ausführen das, was er darf (*„So soll es sein"-Sachen* gibt es auch zwischen den Menschen, nicht nur in der Natur!), aber auch das, was er nicht darf. Er kann das. Die Folge davon ist: es gibt auf der Welt viel Böses, das von Menschen verschuldet ist. Daß der Mensch frei ist, das ist für Gott und die Schöpfung ein großes Risiko. Warum Gott es riskiert, daß der Mensch aus seiner Welt ein Unding macht, ist ein Rätsel. Vielleicht hat Gott noch etwas vor, das wir gar nicht ahnen. Wer weiß?

Gott ist also nicht der gewaltige Zauberer, der auf zauber-

hafte und bezaubernde Weise sein Können in unsere Welt einspielt.
Wenn es stimmt, daß so Gott nicht ist, wie steht es aber dann mit unserem Beten? Im Gebet bitte ich Gott doch, wie es zum Beispiel ein Kind so tat: „Lieber Gott, du bist mächtig. Neulich regnete es lange nicht, meine Blumen im Garten fingen an zu verdursten. Ich bekam Angst um sie. Da habe ich gebetet, und bald ging es los. So schön geregnet hat es schon lange nicht mehr. Das war prima, daß du das gemacht hast.“
Beim Gebet trete ich als Erwachsener doch an Gott heran und erwarte, daß er zum Beispiel die verunglückte junge Mutter der drei unmündigen Kinder rette; daß er mir helfe, die entscheidende Prüfung zu bestehen; daß er den Maßgebenden unsichtbar mache, was ich an Fehlern beging.
Hebt Gott also den Hörer überhaupt nicht ab, wenn wir ihm mit solchen Bitten kommen? Ist er gar nicht dran am Draht unserer Bitten? Geht er nie auf derartiges Betteln ein? Hat es keinen Zweck, zu Gott zu beten: „Gott, hilf mir!“
Christlicher Glaube in dieser Frage ist dies: Gott ist wie der liebste Freund, wie die beste Mutter, die es gibt, wie ein unwahrscheinlich guter Vater. Wenn das stimmt, dann läßt er mich in einer Not nicht liegen, von belastenden Dingen, bedrückenden Ereignissen oder bedrängenden Menschen nicht überfahren und zerkleinern. Es ist Gottes Wille nicht, daß ich in der Mühle des Unglücks wundgerieben und vernichtet werde. Gott hängt an mir, und darum kann ich an ihm hängen, und darum hat es durchaus Sinn und Zweck, zu ihm zu beten.
Beten, das ist hier eine Art Zwiegespräch mit Gott, d. h. es reden miteinander alle beide. Gott spricht zuerst. Was Gott mir dabei sagt, das drückt er dadurch aus, daß er *mich selbst spricht*. Ich selbst, der Mensch, bin ein Wort Gottes: ich selbst mit dem, was ich bin und nicht bin, was ich kann und nicht kann, was ich erlebe und nicht erlebe, mit dem, was mich umgibt, mit dem, in das hinein ich verwickelt bin, mit dem, was an Menschen um mich herum ist . . .

Ich in meinem ganzen Zusammenhang bin ein Wort Gottes. Gott liegt mir im Ohr durch dieses mein eigenes *„Ich in meinem ganzen Zusammenhang"*. Darauf muß ich also achten, sehen, hören. In ihm ist zu vernehmen, was Gott mir sagt. Da sagt er mir vielleicht: „Du hast alles, um eine sorgfältige Raumpflegerin, ein zuverlässiger Mechaniker, eine geschickte Sekretärin, ein guter Vater, eine gewissenhafte Krankenschwester, ein kluger Wissenschaftler zu sein. Ich, dein Gott, sage dir: Werde es!"

Oder er sagt mir: „Es gibt in dem Zusammenhang, in dem du bist, die Frau Lehmann, die immer so niedergeschlagen ist, die Familie Jakobs, die mit ihrem wenigen Geld nicht zu Rande kommt, die notleidenden Bauern auf der Insel Solentiname im Großen See von Nicaragua, die von Dürre und Hunger krankgemachten Leute in der Sahel-Zone Afrikas, gar dein eigenes Kind, das sich so ungeschützt fühlt, so haltlos, so heimatlos. Ich, dein Gott, sage dir: Hilf! Mache *‚Es werde Licht'-Geschichten!* Schaffe mit am *‚Nie mehr weinen'-Land!"*

Oder Gott sagt mir: „Du bist bekanntlich in meiner *‚Es werde Licht'-Bewegung* drin. Du bist ein Christ. Du gehörst zur Kirche des Christus Jesus. Ich, dein Gott, sage dir: Sorge mit, daß die Kirche mehr daran tut, in der Welt *‚Es werde Licht'-Geschichten* zu machen!"

So oder ähnlich spricht in dem Zwiegespräch, das das Gebet ist, Gott vielleicht zu mir, und dabei ist Gott immer der, der zuerst spricht. Das also ist der erste Teil des Betens. Wenn ich – aus meinem eigenen *„Ich selbst in meinem ganzen Zusammenhang"* – Gottes Wort vernommen habe, dann ist es an mir zu antworten. Diese Antwort stellt den zweiten Teil des Betens dar.

Sie besteht nicht allein aus Wörtern, sondern auch aus solchem, was ich tue von dem, was ich von Gott durch das eigene *„Ich selbst in meinem ganzen Zusammenhang"* zu hören bekommen habe. Es besteht die Antwort allerdings eben gleicherweise aus Wörtern, aus Sprache, aus Beten in Worten.

Dieses Beten in Worten kann in demjenigen Fall nicht recht werden, in dem einer denkt, Gott sei der gewaltige Zauberer, der – wie gesagt – auf zauberhafte und bezaubernde Weise sein Können in unsere Welt einspielt.
Richtig ist dieses Beten aber immer dann, wenn dem Beter klar ist:

1. Gott ist wie der liebste Freund, wie die beste Mutter, die es gibt, wie ein unwahrscheinlich guter Vater.
2. Dieser Gott hat unsere Welt geschaffen mit *„So soll es sein"-Sachen*: Naturgesetzen und Geboten für Menschen. Nach ihnen hat nun die Welt zu geschehen.
3. In dieses Geschehen greift Gott nicht direkt ein. Er hat die Schöpfung dem Menschen anvertraut: der soll aus ihrem Material am Reich Gottes mitbauen und dabei all die *„So soll es sein"-Sachen* beachten, die er von Gott her zu hören bekommt.
4. Wenn bei diesem Mitbauen der Mensch in Not gerät, kann er sich an Gott halten, an Gott festhalten, an Gott glauben.
5. Dadurch verändert sich nicht die äußere Lage des Beters. Wohl wird neu seine innere Situation. Er gewinnt eine neue Einstellung zu dem, was an Dingen, Ereignissen oder Menschen ihn da bedrückt. Er wird innerlich stark. Er hält die Belastung aus, oder er findet einen Weg, den Druck auszuschalten, oder er merkt, daß gerade durch die Bedrückung Gott etwas meldet, oder er spürt: Durch diese Not, in der ich stecke, soll ich ein Zeichen sein.

IX. Was ist das: tot?

Mit der Frage „Was ist das: tot?" quälen sich die Kleinen mehr herum, als die Großen oft ahnen und wahrhaben wollen. Wenn es um den Tod geht, neigen die Großen dazu zu behaupten: Die Kinder verstehen das ja doch noch nicht. Mit dieser Behauptung wollen sie begründen, daß sie das Kind fernhalten möchten von jedem Zusammentreffen mit

Totem. In Wirklichkeit jedoch ist das Kind in der Regel schon längst dabei, sich mit dem Tod zu beschäftigen. In seinem Spielen und Denken und Sprechen ist nämlich oft die Rede von Fallen, Zerbrechen, Sich-Wehtun, Verletztwerden, Aufgefressenwerden, Totschießen, Verlieren.
Das Kind empfindet den Tod um sich herum allerdings als ein riesiges Rätsel. Das Kind, das soeben erst zu leben angefangen hat und dessen Leben weithin darin besteht, daß es kriecht, läuft, springt, klettert, schwimmt, tanzt, also sich bewegt, muß sehr bald feststellen: „Da liegt ein Vogel am Weg; warum bewegt der sich nicht? Mit dem stimmt etwas nicht. Was geht hier vor? Was bedeutet das? Was ist da passiert?“
Vor einiger Zeit haben Wissenschaftler herausfinden wollen, warum Kinder Angst haben. Sie stellten fest: Bei achtzig Prozent ist der Tod die Ursache von Kinderängsten. Die Frage „Was ist das: tot?“ kann ein Erwachsener also nicht umgehen. Wenn er es dennoch täte, würde er seinem Kind Unrecht tun. Er würde dessen Recht darauf, daß ihm einer die Angst nimmt, und das Recht darauf, gesagt zu bekommen, was es mit dem Tod auf sich hat, nicht achten.
Im Verhalten der Kinder lassen sich drei verschiedene Arten erkennen, wenn es darum geht, wie ein Kind zum Tod steht, und alle diese Verhaltensweisen gibt es auch bei den Großen.
Unter den Kindern protestieren die einen gegen den Tod. Sie fragen: „Warum werden wir geboren, um dann doch wieder zu sterben?“ Sie bekennen: „Ich will nicht tot sein, ich will lebendig sein.“
Andere glauben an eine Wiedergeburt nach dem Tod. Sie fragen: „Wenn einer stirbt, kann er dann nicht von neuem geboren werden?“ „Wenn man tot ist, kommt man dann wieder in ein Säckchen?“
Wieder andere vermuten nach dem Tod eine Wiederherstellung. Sie gestehen: „Ich möchte, daß ich tot bin. Dann gehe ich zu Gott, und dann werde ich neu. Ich will so gern neu sein, Mutti.“

An alledem sehen wir: Kinder beschäftigen sich mit dem Tod nicht nur nebenbei. Sie fragen ganz hart danach. Der Erwachsene in ihrer Nähe kann nie davor sicher sein, daß ihn plötzlich so eine Kinderfrage nach dem Tod trifft. Deswegen muß er sich vorher klären, was hier christlicher Glaube ist.

Es ist nicht so,

- als ob Gott die direkte Ursache des Todes sei und den Tod wie seinen Gesandten in jedem einzelnen Fall ausschickt, sich das neue Opfer zu holen; der Tod gehört mit zur Natur, die Gott erschaffen hat, mit zu den Gesetzen, die ihren Ablauf bestimmen; zu den Gesetzen, die Gott verfügt hat, zählt auch unser Todesschicksal; obwohl unser Tod natürlich ist, hängt er letzten Endes an Gott: Gott läßt etwas zerbrechen, was zerbrochen werden muß;
- als ob der Tod nur ein Punkt am Ende unseres Lebenslaufs sei; vielmehr gibt es den Tod schon die ganze Zeit vor diesem Endpunkt; er zeigt sich darin, daß wir ununterbrochen verbraucht werden und verfallen; mitten in unserem Leben sind wir laufend dabei, zu sterben;
- als ob die Leiche, die begraben wird, der Verstorbene selbst sei; mit seiner Leiche ist ein Mensch nicht gleichzusetzen; es wäre übrigens für ein Kind nicht auszuhalten, wenn es annehmen müßte: „Der Mensch liegt jetzt im Grab. Es kommt Erde darüber. Er kriegt jetzt keine Luft mehr, er . . .“; oft allerdings läuft der Begräbnisgottesdienst so ab, als ob man sich von der Leiche wie von dem Toten selber verabschiede, und viele Reden an Gräbern vermitteln auch diesen irrigen Eindruck; es ist unsinnig, von einer Leiche so Abschied zu nehmen, als sei sie der Von-uns-Gegangene selbst; Abschiedsschmerz über einen Menschen, der nach seinem Tod nicht mehr bei uns ist in seiner bisherigen Art, ist selbstverständlich normal; die Lücke, die er in unserem Leben zurückläßt, tut uns weh, macht uns traurig; wir trauern aber nicht darüber, daß mit dem Toten nun etwas Arges geschieht und es ihm schlecht geht; wir trauern, weil wir uns selbst fühlen: uns selbst, die wir nun ohne den anderen auskommen sollen;

– als ob der Tod mit dem Schlaf verglichen werden könnte; Totsein als Schlafen macht dem Kind vielleicht neue Angst: es will abends nicht einschlafen, weil es fürchtet, das könnte derjenige Schlaf sein, aus dem man nicht mehr aufwacht; Totsein als Schlafen drückt aber auch zu wenig das aus, was christlicher Glaube ist: da kommt kaum heraus, daß da etwas los ist, daß dabei der Mensch ganz bei der Sache ist . . .;
– als ob der Tod unser Freund sei, den wir uns wünschen, weil wir aus unserem verdammten Körper endlich hinauswollen; der Körper nämlich ist nicht etwas, das wir verdammen und los sein dürften; er gehört ganz zu uns dazu; ohne ihn wären wir nicht Mensch;
– als ob beim Tod die Seele unseren Körper verlasse, weil sie froh ist, endlich hinauszugeraten aus dem Körper, den sie wie ein ungastliches Haus empfindet, in das hinein sie zwangsweise eingewiesen wurde.

Mit dem Tod ist es vielmehr so:
Der Mensch besteht nicht so aus Leib und Seele, nicht in der Art aus zwei Schichten, daß diese auseinandergehörten und auseinanderwollten; der Mensch ist kein Zweiteiliger, er ist ein Ganzer; der Körper hängt echt am Geist, und der Geist hängt ebenso echt am Körper; beim Tod nun kann man sehen, wie der Körper endgültig versagt; wenn das passiert, dann ist er wie ein zerbrochenes Instrument, auf dem nicht mehr zu spielen ist; der Tod tritt also nicht dadurch ein, daß die Seele den Körper als leeres Gehäuse zurückläßt, sondern dadurch, daß der Körper der Seele den Dienst versagt; der Körper tut es nicht mehr; „Nicht das Weggehen der Seele macht es dem Leibe unmöglich zu wirken, sondern das Versagen des Leibes selbst beendet das Leben“ (J. Ratzinger).
– Gott machte einen ersten Eingriff in das Leben des Menschen: er verhängte über sein Leben (das theoretisch auch unsterblich sein könnte) den Tod; vielleicht tat Gott das deswegen, weil er damit etwas gegen unser falsches Großsein, gegen unsere Selbstsucht tun wollte, die unser Leben

so arg kennzeichnet; Gott verfügte den Tod, und nun kann er dadurch Stück um Stück unsere falsche Selbstherrlichkeit zerbrechen; immer, wenn uns ein Stück Tod passiert, wird unser falsches Großsein kleiner: wenn uns etwas nicht gelingt, wenn eine Freundschaft zerbricht, wenn die Gesundheit angeknackst ist, wenn das Geschäft schlecht geht usw.;

- Gott machte einen zweiten Eingriff in das Leben des Menschen: er verfügte zwar, daß wir ein Leben lang schon unentwegt sterben, aber er machte, daß dieses Sterben ein Sterben ins Leben hinein sein kann: wir werden mit jedem Tag mehr verbraucht, und wir verfallen immer weiter, aber je mehr wir dadurch demütig werden und zugeben, daß Herr allein Gott ist, desto mehr nimmt der Abstand zwischen uns und Gott ab, desto mehr sind wir von Gott geliebt, desto mehr werden wir umgeformt in dasjenige Bild hinein, das Gott von uns hat;
- Sterben muß also gelernt werden; die kleine Blamage muß genauso wie die große Niederlage und alle anderen (gesundheitlichen, seelischen, geistigen usw.) Zusammenbrüche aufgefaßt werden als etwas, daß uns demütig machen kann; solches Sterben unterwegs im Leben darf nicht als Verhängnis genommen werden, sondern es ist aufzufassen als etwas, mit dem wir unsere arge Eigensucht, unsere bösartige Selbstbesessenheit, unser dummes Gerne-groß-Sein abbrechen können, um so umgeformt zu werden nach Gottes Bild.

X. Wo kommt man nach dem Tod eigentlich hin?

Wenn wir unser Kind unseren Glauben an das Leben nach dem Tod, unseren Glauben an den Himmel, an das Reich Gottes spüren lassen wollen, müssen wir aufpassen, daß das Kind sich dabei nicht einen Ort ausdenkt, der irgendwo oben bei Mond und Sternen hängt. Auf diese falsche Idee war eine

Vierjährige gekommen: „Wenn man tot ist, ist man ein Engel im Himmel und schwebt gemütlich zwischen den Wolken", und darauf war auch ein Achtjähriger gekommen: „Wenn man vor dem Himmelstor steht und Petrus macht nicht schnell genug auf, fällt man dann hinunter?"
Das ist eine irrige Meinung über den Himmel, über das Reich Gottes.
Reich Gottes ist vielmehr eine Geschichte, die hier zwischen uns angelaufen ist, nun auf eine große Wandlung zuläuft und danach wie das Leben auf einer Neuen Erde da ist.
Die Kinderfrage „Wo kommt man dann eigentlich hin, wenn man tot ist?" fragt danach, wie denn diese Neue Erde eigentlich aussieht. Das weiß allerdings keiner. Das müssen wir zugeben, auch unserem Kind gegenüber.
Wohl dürfen wir nicht so tun, daß das Kind den Eindruck bekommt: da ist es leer, da ist nichts, da ist man verloren. Dieser Eindruck hat nämlich nichts zu tun mit dem, was christlicher Glaube ist. Wir Christen glauben ja: wir können hoffen, wir dürfen vertrauen, wir können zuversichtlich sein: Gott ist da, und darum sind wir sicher.
Es läßt sich jedoch darüber, wie das Reich Gottes genau aussieht, gar nichts sagen. Sagen können wir nur etwas davon, was Gott denen bereitet hat, die ihn lieben. Wir können davon etwas andeutend, annähernd sagen.
Im Reich Gottes erwartet uns (wenn wir versuchen, Menschen zu sein, die Gott lieben) so etwas wie in einer ganz neuen Stadt, in einer Stadt, wie es noch keine auf der Welt gibt. In ihr ist der Mensch sicher vor bösen Tieren, vor Dürre und Überschwemmungen, vor Erdbeben und Hagelunwetter, vor Überfällen durch Räuber und Mörder, vor Anfällen durch ansteckende Krankheiten und Überraschungen durch Unfälle. In dieser ganz neuen Stadt herrscht eine Ordnung, die einem gut tut. Da fühlt man: mein Leben ist rundherum schön und gelungen, und es gelingt und glückt mir immer weiter und immer mehr. In dieser ganz neuen Stadt bin ich nicht mehr einsam. Da gibt es alle, die freuen sich an mir. Da sind alle, an denen freue ich mich. Bei denen fühle ich mich

ausgesprochen wohl, und sie ihrerseits finden es bei mir ausgezeichnet. In dieser ganz neuen Stadt ist es nie langweilig. Da ist immer etwas los. Da passiert etwas, und dabei möchte jeder mit von der Partie sein. Alle interessieren sich. Alle sind dabei.
Die ganz neue Stadt: es ist dies die Art einer gesunden, heilen Stadt, wie es sie noch nirgendwo auf der Welt gibt, die Stadt ohne Einsamkeit, Ausbeutung, Armut und Leid, die ein jeder von uns so schmerzlich herbeisehnt. Mit solch einer Stadt könnten wir das Reich Gottes vergleichen.

Ebenfalls vergleichen könnten wir es mit einem solchen Festessen, wie es es immer noch nicht gibt, obwohl alle danach ausschauen.
Festessen hat etwas mit dem Nahrungstrieb zu tun, aber es hat auch etwas damit zu tun, daß man gemeinsam mit anderen Menschen bei Tisch ist und erzählt und froh ist. Wenn es bloß darum geht, den Nahrungstrieb zufriedenzustellen, dann könnte man auch allein in der Küche schnell das nötige Essen herunterschlingen oder eilig zur Imbißbude laufen und dort stehenden Fußes das Notwendige verdrücken. Nein, allein darum geht es nicht. Es geht um mehr, um Wichtigeres. Bei einem Festessen will man erleben, wie köstlich alles ist: die gut zubereiteten und herrlich verzierten Speisen, die von einem Könner abgeschmeckten Soßen, die ausgezeichneten Getränke, die wunderbaren Blumengestecke und Kerzen auf dem Tisch, das glitzernde Geschirr und vornehme Porzellan, die festliche Kleidung, die unterhaltsame Musik, die anregenden Gespräche, die interessanten Neuigkeiten aus Wissenschaft und Politik, aus Beruf und Freizeit, die persönliche Nähe lieber Menschen.
Bei einem Festessen möchte man einmal etwas von dem verschwenderischen Schenken erleben, etwas von der ausgelassenen Freude. Man möchte erfahren: das Leben ist reich und freigebig.
Genau das aber ist es in Wirklichkeit nicht. Kaum einer kann solch ein Festessen je mitbekommen. Bei den meisten ist der

Tisch ganz spärlich gedeckt, bei vielen gar nicht. Bei den anderen artet das Mahl in unverzeihliche Schwelgerei und bösartige Genußsucht aus.
Das Festessen ohne Schatten: das gibt es nirgendwo auf der Welt, und doch möchte ein jeder es erleben. Ein jeder möchte erfahren: das Leben ist reich und verschwenderisch. Mit solch einem Festessen ohne Schatten läßt sich das Reich Gottes wohl einmal vergleichen.

Es läßt sich auch einmal vergleichen mit einer solchen Hochzeit, wie es sie auf der Erde nie gibt. Hochzeit hat etwas mit Sexualität zu tun: mit der geschlechtlichen Triebhaftigkeit des Menschen, aber ebenso hat sie viel zu tun damit, daß die beiden Menschen der Hochzeit sich lieben, füreinander leben, sich gegenseitig hochhalten. Der Mann erlebt an seiner Frau, und die Frau erlebt an ihrem Mann:
„Das Leben kann einem ein wunderbares Geschenk machen: einen Menschen, der mich liebt. Ein solcher ist eine herrliche Gabe. Ich habe mir diesen Menschen nicht erschaffen können. Ich habe ihn mir nicht erarbeitet. Ich konnte ihn mir nicht verdienen. Er kam mir als Geschenk, und nun verwandelt er mir mein Leben. Nun ist mein Leben schön geworden. Das Leben kann die reine Freude sein."
Eben das jedoch kann das Leben nicht sein. Es gibt da im Zusammenhang mit Freundschaft, mit Verlobung, mit Hochzeit eine Unmenge an offenen Fragen, die einem Angst machen. Ich kann ja nicht hineinsehen in den anderen. Ich kann nicht wissen, wie er in Zukunft sein wird. Es gibt da stets sehr viel an Ungewissem im Zusammenleben zweier Menschen, und darum kann eine Hochzeit nie reine Freude sein. Eine derartige Hochzeit gibt es nicht, und doch möchten alle eine solche erfahren können. Jeder möchte hochzeitlich erleben können: das Leben ist ein Genuß, es ist ein Fest! Genau dies ist es nun nicht, obwohl ein jeder wünscht: Wenn es doch bloß so wäre! Mit solch einer Hochzeit, die reiner Genuß und bleibendes Fest ist, wird ab und zu das Reich Gottes verglichen.

Vom Reich Gottes erzählen wir also manchmal dadurch, daß wir an eine ganz neue Stadt denken, oder dadurch, daß wir an ein unwahrscheinlich köstliches Festessen denken, oder dadurch, daß wir an eine Hochzeit, die reine Freude ist, denken.

In allen drei Fällen handelt es sich um einen Vergleich. Das Reich Gottes ist nämlich keine Stadt, kein Festessen, keine Hochzeit. Das Reich Gottes ist in Wirklichkeit unbeschreiblich. Das müssen wir uns vor Augen halten, wenn wir solche Vergleiche gebrauchen und Kindern erzählen.

Wir haben keine Worte, die *genau* das treffen können, was das Reich Gottes ist. Darum bleibt uns nur übrig, solche Worte zu nehmen, die uns *wenigstens ein wenig* nahe heranbringen an das, was gemeint ist. Wir müssen uns mit Worten, die nur halb taugen, annähern an das, was gesagt werden müßte.

Zu dieser Art von Worten gehören die Vergleiche: neue Stadt, Festessen, Hochzeit.

Sie alle haben mehreres gemeinsam. Jedes dieser Worte drückt dreierlei übereinstimmend aus:

1. Gemeinschaft spielt eine Rolle.
2. Die Welt, die Natur, die Dinge spielen eine Rolle.
3. Daß es sich um ein Geschenk handelt, welches umsonst („gratis") ist, spielt eine Rolle.

Alle diese drei Gesichtspunkte sind auch wichtig, wenn wir vom Reich Gottes erzählen wollen. Das Reich Gottes ist ein Erlebnis, das Gott denen bereitet, die ihn lieben; und bei diesem Erlebnis sind die Menschen – erstens – gemeinschaftlich einer des anderen Freude, sind die Menschen – zweitens – umgeben von der ganzen, nun neuen Schöpfung, sind die Menschen – drittens – immer die Beschenkten, die Begnadeten.

Der „Zugang zum Christsein" muß im Hinblick auf die Frage „Wo kommt man nach dem Tod eigentlich hin?" noch etwas mehr verdeutlicht werden. Da gilt im einzelnen:

1. Der beerdigte Leib ist so etwas wie eine Muschel, wie die Schale des Menschen.

2. Der Mensch ist nicht seine Schale.
3. Der Mensch ist ein „Ich selbst“, und das bleibt; Gott (er)hält es.
4. Sterben als solches tut nicht weh.
5. Nach dem Tod gibt es ein Leben, das schmerz- und angstfrei ist, das spannend ist, gesund und stark, schön und beglückend.
6. Es wird eine Gegebenheit sein, in der keiner einsam ist, in der sich alle gern haben.
7. Es wird die Erfüllung der Sehnsucht nach dem Heil sein.
8. Es wird ewig dauern.
9. Es ist Gottes Gnade, die dieser gewährt.

Was hier christlicher Glaube ist, versuche ich in die folgende Erzählung von David und Elischa hineinzusagen. Auch diese Erzählung ist – wie die von Jürgen, von Ruth, vom zurückgekehrten Sohn – eine Vergleich-Geschichte: Wohin wir nach dem Tod kommen und wie es dann im einzelnen zugeht, das weiß kein Mensch genau, auch kein Theologe. Das Wichtige und Grundsätzliche darüber, das wir durch den Christus Jesus beigebracht bekommen, mag wohl so ähnlich weitergesagt werden können wie in der Erzählung von David und Elischa in „Basileia tou theou“ (griechisch; zu deutsch: „Reich Gottes“).

David und Elischa

Es ist kaum zu fassen, was in unserer Geschichte vom neuen Leben David und Elischa erfahren. Es ist einfach toll, was sie mitmachen. Die Geschichte vom neuen Leben ist fast wie ein Märchen und ist doch wahr.

David und Elischa sind Brüder. David ist der große Bruder, und Elischa ist der kleine. Eli ist nicht gesund. Er hat Fieber. Immer hustet er. Immer ist er krank. Wie andere Kinder draußen spielen und über den schmalen Bach springen und mit dem Roller sausen und auf den Apfelbaum klettern: das alles kann er nicht mehr. Immer muß er im Bett liegen.

Einmal liegt Eli so da, er hat die Augen geschlossen, und da kommt Besuch, und der Besuch meint: Elischa schläft.

Da hört Elischa, wie der Besuch fragt: „Wie lange wird er denn noch leben?"
Das macht Elischa ganz aufgeregt. Das macht ihn ganz durcheinander. Er bekommt schreckliche Angst und denkt: „Ich sterbe also bald! Es hat mir keiner gesagt, aber sie wissen es: Ich sterbe bald." Jetzt weiß es auch Elischa, und es ist furchtbar für ihn.
Er tut weiter so, als ob er schlafe. Der Besuch und die Mutter ahnen nicht, daß er jetzt Bescheid weiß. Aber dem David erzählt er es. Er weint und fragt:
„Weißt du, daß ich bald sterbe?"
„Ja, Eli, ich weiß es", sagt David. Und da muß Elischa erst richtig weinen.
„Ich bin noch keine zehn Jahre alt, und da soll ich schon sterben?" Er ist ganz ratlos, der Elischa, er hat Angst vor dem Sterben.
„Weißt du, Eli, du brauchst keine Angst zu haben", tröstet ihn David. „Ich glaube, es wird herrlich für dich."
„Herrlich? Niemals! Tot in der Erde liegen, das ist doch nicht herrlich", meint Elischa.
„Mensch, was da in der Erde liegt, das ist doch nur so etwas wie die Schale von dir. Weißt du noch, wie wir im letzten Sommer am Strand waren, da, wo das Meer mit dem feinen Sand spielt? Da lagen doch im Sand so viele Muscheln herum, und wir haben sie aufgehoben und mit ihnen allerlei gemacht.
Diese Muscheln sind die Schalen von kleinen Tieren, die im Meer leben. Mit diesen Schalen sind sie angezogen. Schalen sind wie Kleider. Kleider können ausgezogen, weggelegt werden.
Weißt du, so ist das auch beim Sterben", sagt David zu Elischa. „Was da liegt und ins Grab getan wird, das ist wie bei den Muscheltieren die Schale, das ist wie die Kleider von dir. Was da in die Erde gelegt wird, das bist nicht ‚Du selbst'. Du bist nicht deine Nase, deine Zunge nicht, dein Mund nicht. Du bist nicht deine Füße, deine Augen nicht, die Lunge nicht. Du bist nicht deine Hand, du bist dein Arm nicht,

deine Rippen nicht. Du bist nicht deine Zähne, du bist dein Magen nicht, deine Lippen nicht. Du bist nicht deine Schultern, du bist deine Beine nicht. – Dein ‚Du selbst' ist das alles nicht. Das alles ist so etwas wie die Schale von dir, in der dein ‚Du selbst' lebt.
Sein ‚Ich selbst' hat jeder hier in so einer Schale. Das ‚Ich selbst' kann aus seiner Schale heraus. Die Schale bleibt liegen, und ‚Ich selbst' bin weg, ganz woanders hin."
Und David meint zu seinem kleinen Bruder: „Wenn du stirbst, dann bleibt deine Schale hier liegen, aber ‚Du selbst' bist weg, ganz woanders hin."
„Wohin denn?" will Elischa wissen.
„Nach Basileia-tou-theou", antwortet ihm David.
Nach Basileia-tou-theou! Das sagt er so einfach, als ob er sage: nach England, nach Afrika oder nach Amerika! Das sagt er so, als ob jeder Mensch das wüßte! Aber Elischa hat bisher noch nie etwas davon gehört.
„Basileia-tou-theou?" fragt er. „Wo liegt denn das?"
„Das weiß ich auch nicht genau", gibt David zu. „Aber ich glaube, ich weiß, wie es aussieht."
Und da fängt David an, seinem kleinen Bruder, der vor dem Sterben Angst hat, von Basileia-tou-theou zu erzählen, und dabei bekommt Elischa Lust, sofort hinzukommen.
„Ja, es wird dir gefallen, Eli", verspricht ihm David. „Da ist etwas los. Da ist es spannend. Da kannst du viel erleben. Das ist etwas anderes, als im Bett liegen und husten und nie mit den anderen Kindern über den Bach springen, nie auf den Apfelbaum klettern, nie im Sand spielen können."
Und David verrät dem kleinen Eli auch: „Da in Basileia-tou-theou wirst du gesund sein und stark und hübsch."
„Das wird herrlich", denkt Elischa, „denn jetzt bin ich ein häßlicher Junge mit krummen Beinen und blaß im Gesicht und immer krank. Ich werde gesund sein. Ich werde hübsch sein. Ich werde ganz gerade Beine haben. Ja, ich will hin nach Basileia-tou-theou."
Aber da fällt dem Elischa, der jetzt gar keine Angst vor dem Sterben mehr hat, etwas ein: „David! Ich will nicht weg von

David! Ich kann nicht nach Basileia-tou-theou wollen! Ich möchte bei David bleiben! David ist stark und schön. David ist der Beste in der Schule. David erzählt mir immer alles von draußen. Abends vor dem Schlafengehen erzählt er mir spannende oder lustige Geschichten. Nachts, wenn ich husten muß, steht er auf und gibt mir heißes Honigwasser, damit ich nicht so husten muß. David ist immer so gut zu mir! Ich will nicht weg von ihm. Ich kann nicht nach Basileia-tou-theou wollen! Da würde ich ohne ihn ganz allein sein. Ohne David wäre ich sehr einsam."
Darum sagt Elischa zu seinem großen Bruder: „Ich will nicht nach Basileia-tou-theou. Ich will da sein, wo du bist."
„Aber ich werde doch nachkommen", tröstet ihn David. „Nach einiger Zeit komme ich doch auch."
„Nach einiger Zeit, hm!" meint Elischa, „vielleicht wirst du hundert Jahre, und bis dahin werde ich allein sein. Nein, ich bleibe bei dir."
Aber es kommt ganz anders. Feuer ist im Haus von David und Elischa und ihrer fleißigen Mutter ausgebrochen. Die Mutter und Elischa wurden gerettet, aber David wurde vom Feuer eingeschlossen. David starb im Feuer. David, nicht Elischa, ist zuerst in Basileia-tou-theou.
In der Nacht nach dem Brand fühlt sich Elischa sehr krank. Es ist ihm furchtbar schlecht. „Jetzt komme ich auch bald nach Basileia-tou-theou", denkt er. „Vielleicht heute nacht. Mir ist, als könne das sein."
Elischa nimmt einen Zettel und schreibt für die Mutter darauf: „Weine nicht, Mama! Ich bin nach Basileia-tou-theou. Du, David und ich: wir sehen uns da wieder!"
Kurz danach geschieht es. So etwas Seltsames hat Elischa noch nie erlebt. Ganz plötzlich ist er einfach da: mitten in Basileia-tou-theou. Er denkt: „Wie kam ich eigentlich her? Wie konnte ich den Weg finden, ich habe doch keinen gefragt?" Elischa weiß es nicht. Er weiß nur: „Jetzt bin ich da, und wo ist David?"
Gibt das ein Wiedersehen! Solche Freude! Solches Glück! Es ist unwahrscheinlich!

Sie lachen und lachen immer mehr. Sie lachen so, als hätten sie gerade das Allerlustigste gehört, das einer erzählen kann. Sie lachen und kugeln sich im Gras und rollen sich vor Lachen in den Fluß und lachen im Wasser weiter, und auf einmal merkt Elischa: „Mensch, ich kann schwimmen! Ich konnte nie schwimmen mit meinen krummen Beinen, jetzt schwimme ich. Es ist herrlich. David, ich kann schwimmen", ruft Elischa, „und ich huste nicht mehr", ruft er, „und ich habe ja gerade Beine", ruft er. „Ich bin so glücklich, es lacht in mir ganz richtig", denkt Elischa. „Es ist schön hier in Basileia-tou-theou: hier gibt es kein Haus, das brennt, und keinen Verkehrsunfall; die Luft ist rein und frisch hier; Leckeres zum Essen und Herrliches zum Trinken gibt es hier; hier haben sich alle gern, und keiner ist einsam.
Hier in Basileia-tou-theou gibt es alles, was ich gern mag. Toll, hier kriegt man alles, was man sich gewünscht hat", sagt Elischa zu David. „Ja", antwortet der große Bruder, „und man muß keine Angst haben, daß plötzlich alles zu Ende ist; wie das sonst so ist mit allem, was uns Spaß macht."
„Und es ist alles umsonst", strahlt Elischa.
„Ja", meint David, „es ist alles von Gott, und der gibt alles umsonst! Gott ist der Beste. Das spüren wir jetzt. Gott ist der Beste. Das sehen wir nun."
„Hier kriegt uns keiner weg", ruft Elischa, „keiner!"

XI. Bemerkungen für Erzieher

1. Kind und Welt

Das Kind im Vorschulalter und im frühen Schulalter erschließt sich mit zunehmendem Alter seine Umwelt. Die Dinge sind für es so, als lebten sie. Darum schimpft ein Kleinkind mit dem Tisch, an dem es sich gestoßen hat: Du böser Tisch!
Die kindliche Phantasie ist reich und füllt die Umwelt aus. Die Kleinen haben Freude an Märchen und Geschichten und drücken ihre Einfälle in farbfrohen Bildern aus.

Das Kind dieser Altersstufe fragt und fragt: Was ist mit Rotkäppchen geschehen? Wie kommt die Milch in die Kuh? Warum hinkt der Onkel? Warum ist die Frau so komisch angezogen? Es verlangt Antworten, die es in seine kindlichen Erfahrungen einordnen kann. Die Antworten dürfen nicht unwahr sein, sie müssen dem kindlichen Verständnis angemessen bleiben.
Kinderfragen nach der Beschaffenheit des Erdballs können, wenn sie dem Kind angemessen sein sollen, nicht naturwissenschaftlich beantwortet werden. Für das Kind ist und bleibt die Erde flach. Es sieht das mit eigenen Augen. Die Kinderfrage: „Wohin kommt der Onkel, jetzt, wo er tot ist?" läßt sich dem Kind angemessen nicht dadurch beantworten, daß der Erzieher erklärt: „Der Onkel kommt jetzt in den Himmel." Denn es hat ja klar vor Augen: sie haben ihn *unter* die Erde getan, Himmel aber ist *über* allem.

2. *Kind und sein Selbst*

Früher fand es sich eins mit der Mutter und seiner nächsten Umwelt. Es sprach von sich selbst mit seinem Namen: „Claudia will Schokolade haben." Etwa mit zwei Jahren sagte das Kind „Ich" und gab dadurch zu erkennen, daß es sich als eigene Person empfand. Am deutlichsten drückt sich diese Ich-Findung in dem wichtigen und „notwendigen" Trotzalter aus. Das Kind auf seinem Weg zum eigenen Ich und schließlich dann als dieses Ich hat wichtige Bedürfnisse. Es sucht Sicherheit; es braucht Autorität und Regel und Gewohnheit, um im Kreuzfeuer der Anregungen und Reize nicht seelisch umzukommen.
Das Kind sucht – zweitens – Bindung an einen Großen; persönlicher Rückhalt ist ihm gerade in Augenblicken besonderer Belastung wichtig.
Es sucht – drittens – das andere Kind, die Gruppe; es braucht das andere Kind, um mit ihm Freud und Leid zu teilen, um in ihm seine Grenzen zu finden, gegen die es stößt; ein Anderes, an dem es sich reiben kann, an dem es selbstän-

dig werden lernt, an dem es das eigene Selbstvertrauen erproben kann.
Das Kind sucht – viertens – Möglichkeiten, schöpferisch allerlei auszuprobieren; es braucht diese Art von Phantasie und Spiel als eine für es wichtige geistige und gefühlsmäßige Bestätigung.
Natürlich hat das Kind auch – fünftens – körperliche Bedürfnisse, die für sein Selbst grundlegend sind; nicht an Gesundheit und Hygiene ist hier zu denken, sondern an seine Freude an der Bewegung, an das körperliche Selbstvertrauen, das ein Kind entwickelt, wenn es seine Körperbeherrschung spürt; da verschwindet manche Angst.
Das Kind braucht – letztlich – seine natürliche, spontane Fröhlichkeit, etwas, das glücklich macht, Gründe zur Lebensfreude: das Spielzeug, das Boot, die Katze, das Wetteifern, mit der Mutter Auto fahren, mit dem Hund spazierengehen.
Diese – hier in sechs Punkten aufgezeichneten – grundlegenden Bedürfnisse kennzeichnen unser Kind auf seinem Weg zum eigenen Ich. Es ist für das Kind wichtig, daß der Erzieher – auch in seiner Glaubenserziehung – diese sechs Punkte beachtet.

3. Kind und Gott

Gott kapieren: das geht nicht, bei einem Erwachsenen nicht, bei einem Kind im Vorschulalter erst recht nicht. Gott ist nicht zu kapieren. Wohl aber ist Gott zu erfahren. Diese Erfahrung „blüht" dem Glaubenden; es ist tatsächlich ein richtiges Blühen, das da passiert, wenn ein Mensch in seinem Innersten und Tiefsten wie leer und ausgetrocknet, niedergeschlagen und lustlos ist und in dieser schlimmen Lage zu spüren bekommt: Es weht etwas wie Hoffnung in mein Innerstes hinein. Es treibt mir etwas zu, das mich froh macht. Es spricht etwas wie Liebe in mich hinein. Nicht laut, nicht hart, nicht brutal, es geschieht eher flüsternd, weich, freundlich, mütterlich, väterlich. Es ist Gott, der da so begegnet. Schon die alten Hebräer hatten herausgefunden: Gott kommt nicht so laut daher wie ein Sturm. Er zeigt sich nicht so roh und wirbelnd wie ein Erdbeben. Er macht sich nicht so grell und aufregend bemerkbar wie das Feuer. Gott zeigt sich vielmehr im Flüstern unserer *Welt.* Dieses Geschaffene flüstert uns von Gott, von dem, der es selbst schuf. Gott läßt sich finden im Flüstern auch der *Menschen.* Diese Geschaffenen flüstern uns von Gott, von dem, der sie angestellt hat in seiner großen „Es werde Licht"-Bewegung, die in den Himmel geht. Gott ist da im Flüstern besonders des *Jesus von Nazaret.* Dieser Christus flüstert uns von Gott, von dem, der Jesus selbst als sein göttliches Wort gesprochen hat, als sein eindeutiges und endgültiges Wort.

Gott erfahren kann ein Kind zunächst wohl nur im „Flüstern" der Menschen, die um es herum sind. Daß es neben dem *Eltern-„Flüstern"* auch noch ein *Welt-„Flüstern"* von Gott gibt, daß es sogar das *Jesus-„Wort"* von Gott gibt, das versteht das Kind erst viel später, und das auch wieder nur durch die Eltern, die ihm „flüstern": Da ist auch noch das *Welt-„Flüstern"* von Gott und das *Jesus-„Wort"* von Gott.

Das *Eltern-„Flüstern"* von Gott wird zuerst darin bestehen, daß sie das Kind merken lassen: Wir beide, Vater und Mutter, wir sind nicht der liebe Gott. Wir können nicht alles; wir hängen von jemandem ab; wir sind auf jemanden Anderen ausgerichtet. Wir gehören zu Gottes „Es werde Licht"-Bewegung. Das Kind merkt: Die Mutter, der Vater danken diesem Anderen, sie loben ihn, sie bitten ihn. Das Kind merkt aber noch mehr. Es hat nicht nur gelernt, daß die Eltern auf diesen Anderen hingeordnet sind und ihm danken, ihn loben und bitten, es erfährt auch: Dieser Andere, den es inzwischen „Gott" zu nennen weiß, er ist auch für mich zuständig. Es selbst nimmt zu dem Anderen Beziehung auf, indem es als Mädchen etwa betet:

„Lieber Gott, sind Jungen besser als Mädchen? Jungen dürfen mehr: sie dürfen wild sein, sie dürfen zu sagen haben. Du, lieber Gott, magst ein Mädchen doch genauso gern wie einen Jungen."

(Ein älteres Mädchen könnte etwa so weiterbeten: „Ich weiß es. Das macht mich froh, stark: Die anderen können mich nicht kleinkriegen, weil ich froh und stark sein kann.")
Treffend drückt Grundlegendes zum Stichwort „Kind und Gott" einmal Marielene Leist aus: „Unser Vierjähriger hat schon Vorstellungen von Gott, die sich in den nächsten Jahren noch anreichern und vertiefen. Zwar kann er nicht formulieren, was er von ihm zu sagen weiß, aber erlebt und erfahren hat er schon eine ganze Menge mit ihm . . . Er weiß, daß Gott größer und mächtiger ist als die Eltern. Er sieht, daß die Eltern ihn bitten und ihm danken . . . Wie ein Kind zu seinen Eltern gehört, so gehören die Eltern auch zu Gott. Auch das Kind gehört zu Gott . . . Gott nimmt Anteil an allem, was das Kind tut: es erzählt ihm im Gebet von seinem Spiel, ja von seinem Spielzeug, von seinen Spielgefährten, kurz, von jedem Ereignis, das den Tag auszeichnet. Gott hat etwas mit dem Essen und Trinken zu tun. Die Mutter bereitet zwar die Speisen zu, und trotzdem dankt sie Gott für das Mahl. Gott hat etwas mit dem Wachsen und Blühen zu tun, ja mit dem Werden des Kindes im Mutterleib . . . Gott hat auch etwas mit dem Krankwerden zu tun . . ." Dies alles kann unser Kind am glaubenden Verhalten der Großen ablesen. Ihr Leben ist – im Hinblick auf Gott – ja nicht stumm. Es ist beredt. Aber es schreit dem Kind, wenn die Glaubenserziehung mit rechten Dingen zugeht, nicht ins Gesicht: „So, jetzt bete! Es gibt nämlich einen Gott!"
In solchem „Sturm", „Erdbeben", „Feuer", in solchem dikken und fetten Übereifer der Großen kann das Kind von Gott nichts merken. Erfahren kann es Gott, wenn das Verhalten der Eltern jenes „Flüstern" ist: das natürliche, ungezwungene, unverkrampfte, einfache Dasein als Menschen, die eine Beziehung haben zu Gott.

4. *Kind und Tod*

Ralf ist fünf. Jörg, sein langjähriger Spielgefährte, ist verunglückt; er kommt ins Krankenhaus. Ralf hört davon. Was er nicht hört, ist: Jörg stirbt an den Folgen des Unfalls. Die Mutter teilt ihrem Sohn Jörgs Tod nicht mit. Der Vater möchte es auch nicht. „Wir wollen Ralf nicht beunruhigen. Er ist in einem Alter, in dem er das schon begreift. Er wird es zu schwer nehmen. Wir hoffen, Ralf vergißt den Jörg mit der Zeit."

Doch Ralf durchkreuzt noch am Abend des Begräbnistages seines Freundes den pädagogischen Plan seiner Eltern. Er hat im Gefühl: Mit Jörg ist etwas Schlimmes passiert. „Warum ist der Jörg tot?" will er von der Mutter wissen. Die – mit dieser „Pistole" vor der Brust – meint: „Ja, weißt du: Jörg war arg verletzt, er hatte böse Schmerzen. Damit er nicht länger leiden mußte, hat Gott ihn zu sich geholt."

Mit dieser Äußerung plante die Mutter natürlich, ihren Sohn zu trösten und seine Frage zu beantworten; aber auch diesen Plan durchkreuzt der Junge. „Gott hätte ihn besser gesund machen sollen, wo ich ihn doch so gebeten habe. Und er hätte besser auf Jörg aufpassen sollen, damit ihm nichts passiert", sagt Ralf. Darauf die Mutter: „Das hat Gott wohl nicht gewollt, er erfüllt eben nicht jede Bitte von uns!" Und Ralf: „Hat er denn den Jörg nicht liebgehabt?"

An dieser Stelle ist die Mutter vollends am Ende und weiß nicht mehr, was sie sagen soll. Ralf meint stur: „Wenn Gott den Jörg liebgehabt hat, dann hätte er ihn nicht sterben lassen dürfen; Jörg wäre viel lieber bei mir geblieben!" Und die Mutter kann nur immer wieder dagegen sagen: „Gerade weil Gott den Jörg liebhatte, hat er ihn zu sich geholt; er wollte ihn von seinen Schmerzen befreien."

Dieses Ralf-Mutter-Gespräch zeigt: Die Kinderfrage nach dem Tod ist da, und sie ist nicht kleinzukriegen. Sie kommt dem Kind, wenn es etwa vier Jahre alt ist. Zuerst denkt es sich den Toten als Schlafenden oder als Verreisten. Um das fünfte Lebensjahr herum bringt es den Tod in Verbindung mit dem Altsein; es merkt: er ist endgültig; es stellt fest: er hängt zusammen mit Nicht-mehr-atmen-Können, mit Nicht-mehr-sprechen-Können ... Erst später, mit neun oder zehn Jahren, kann das Kind wissen: Sterben ist ein Naturgesetz, es gibt dieses „Sterben und Werden". Alles stirbt einmal.

Wenn es stimmt, daß achtzig Prozent der kindlichen Ängste den Tod betreffen – nicht den eigenen, sondern den des geliebten Anderen –, dann darf das Thema „Tod" in der Glaubenserziehung nicht ausgespart werden. Das Kind hat ein Recht auf Antwort, der Erzieher aber hat kein Recht auf Verschweigen der Dinge, die mit dem Tode zusammenhängen, auch kein Recht auf Verschweigen seiner eigenen Haltung „im Angesichte des Todes". Der Erzieher sollte – denke ich – folgende Regeln beachten:

- Das Kind soll ermutigt werden, seine Ängste (normalerweise verschweigt es die) mitzuteilen.
- Die Befürchtungen des Kindes sind vom Erzieher ernst zu nehmen, selbst dann, wenn sie ihm unbegründet erscheinen, für das Kind aber sind sie leibhaftig da; das Kind soll durch das Verständnis, das der Erzieher ihm entgegenbringt, spüren: Ich bin sicher.
- Der Erzieher muß das Kind erfahren lassen: Du wirst außer von uns Eltern auch noch von anderen Leuten geliebt: von Verwandten, von Onkel Heinz, von Tante Luzie; von Freunden, von Daniela, von Hans.
- Der Erzieher muß dem Kind das nötige Wissen um den Tod beibringen; Wissen kann Sicherheit bieten, Unsicherheit vermag Angst zu machen. Wochenlang wurde das Einschlafen eines Fünfjährigen eine ganz unglückliche Geschichte, weil der Junge mit allen Kräften gegen den Schlaf ankämpfte. Er wollte nicht in die gleiche Art von Schlaf fallen wie sein Großvater, bei dessen Tod die Eltern dem Kind mitgeteilt hatten: Der Opa ist ganz arg müde und eingeschlafen. Richtige Belehrung über den Tod – das Erfüllen dieser dritten Erzieherregel – befreit ein Kind von seiner eingebildeten Befürchtung.
- Der Erzieher muß dem Kind seine eigene Ehrlichkeit, Wahrhaftigkeit vermitteln; das Kind muß sagen können: „Du bist echt, auf dich kann ich mich verlassen." Diese am Erzieher gemachte Erfahrung hilft dem Kind, Halt

und Zuversicht auch in solchen Situationen im Zusammenhang mit dem Tod zu haben, wenn es nicht alles um sich her versteht.

Wenn der Erzieher – diese fünf Regeln befolgend – den Tod und seine eigene Haltung dazu dem Kind nicht verschweigt, dann könnte das Kind erahnen: Der Tod ist ein Teil des Lebens; er ist eines seiner Geheimnisse; er ist ein Geheimnis, das mit dem zu tun hat, der das Leben hält: mit Gott.

Nachwort

Es muß am Schluß unseres Denkweges, der durch dieses kleine Buch läuft, herzlich gedankt werden:

zwei sehr unterschiedlichen Helfern meines hier offengelegten „Denkens des Glaubens“: Joseph Kardinal Ratzinger, dem katholischen Erzbischof von München und Freising, dessen Vorlesungen damals in Bonn und dessen Büchern heute ich viel verdanke, und Johanna Klink, der evangelischen Pastorin und Pädagogin im Dienst der Ökumene in den Niederlanden, von deren Veröffentlichungen ich viel halte; beide werden sich wiederfinden in manchem, was hier zu lesen ist;

den Erzieherinnen, Pädagogen und Theologen jener Arbeitstagung des Bistums Berlin im Jahre 1976, von denen die vorliegende Veröffentlichung so heftig gewünscht wurde;

den drei engagierten Verlegern in Kevelaer, Hildesheim und Berlin, die diesem Wunsch entsprochen haben;

den – in der Widmung genannten – Freunden, die mein „Denken des Glaubens“ immer wieder anfragten und klären halfen.

E. G.

Weitere Buchveröffentlichungen des Autors

Religionspädagogik:

1. Führung zum weltfähigen Glauben. Zur pädagogischen Situation in der Schulkatechese, Verlag Herder, Freiburg-Basel-Wien 1967, 144 Seiten.
2. Religion als akutes Problem der Schule. Religionsunterricht und Schulgebet, Verlag Butzon & Bercker, Kevelaer 1974, 253 Seiten.
3. Die wichtigsten Gerichtsurteile zum Problem „Religion in der Schule", Verlag Butzon & Bercker, Kevelaer 1975, 172 Seiten.
4. Akzente moderner Jugendpastoral. Schülerseelsorge und Schülergottesdienst. Ideen – Hinweise – Entwürfe zum Diskutieren und Praktizieren, Verlag Butzon & Bercker, Kevelaer 1976, 280 Seiten.
5. Existenz in Frage. Detail des Religionsunterrichts in der gymnasialen Oberstufe, in: Wolfgang G. Esser (Hrsg.), Zum Religionsunterricht morgen II, Verlag J. Pfeiffer / Jugenddienst Verlag, München-Wuppertal 1971.
6. Die Frage nach Gott im Kontext politisch-gesellschaftlichen Handelns. Perspektiven für den Religionsunterricht in der Sekundarstufe II, in: Ralph Sauer (Hrsg.), Wer ist Gott – wo ist Gott?, Verlag J. Pfeiffer, München 1973.
7. Sich heraushalten – und was dann? Eine Ansprache zum Leben des heiligen Petrus Claver; Es sind keine Gitter da. Eine Ansprache zum Leben der heiligen Theresia vom Kinde Jesus, in: Ralph Sauer (Hrsg.), Verkündigung an Kinder, Benziger Verlag, Zürich-Einsiedeln-Köln 1972.
8. Mein Kirchbuch. Zur Einführung in die Heilige Messe, Verlag Herder, Freiburg-Basel-Wien 1971, 64 Seiten

(Kindergebetbuch). Übersetzungen ins Schwedische, Dänische und Norwegische 1975, ins Ungarische 1977.

9. Mein Drei-Zeiten-Buch. Neue Gebete für Kinder zum Morgen, Mittag, Abend, Verlag Butzon & Bercker, Kevelaer 1974, 48 Seiten (Kindergebetbuch).

10. Carolin & Marius. Religiöse Erziehung für Kinder im Vorschulalter und im frühen Schulalter, Verlag Butzon & Bercker, Bernward Verlag, Morus Verlag, Kevelaer-Hildesheim-Berlin 1976 (Werkmappe mit Postern, Arbeitsbögen für die Hand des Kindes und Erzieher-Buch), verfaßt zusammen mit Heinz Bielefeldt und Regina Jörissen.

11. Wüste als Symbol, in: Hans-Andreas Egenolf (Hrsg.), Die Heilige Schrift in der Gemeinde, Bd. 3, St. Benno Verlag, Leipzig 1970.

12. Danket dem Herrn / Der Geist des Herrn, in: Anton Weiß (Hrsg.), Katechesen zum Gotteslob, Bd. 1, Styria Verlag, Graz-Wien-Köln 1977.

Pädagogik:

1. Tiefenpsychologische Aspekte der Erziehung, August Bagel Verlag, Düsseldorf 1975, 83 Seiten.

2. Intelligenz – Individuum – Gesellschaft, August Bagel Verlag, Düsseldorf 1977, 119 Seiten.

3. Begabung und Kreativität, August Bagel Verlag, Düsseldorf 1977, 95 Seiten.

4. Erziehungswissenschaftlicher Unterricht. Didaktische Perspektiven für die Praxis, Aloys Henn Verlag, Ratingen-Kastellaun-Düsseldorf 1977, 197 Seiten.

5. Aspekte des Lernens, August Bagel Verlag, Düsseldorf 1978, 98 Seiten.

Heinz Bielefeldt / Engelbert Groß / Regina Jörissen

Carolin & Marius

Religiöse Erziehung für Kinder im Vorschulalter und im frühen Schulalter

Erzieherbuch, 174 Seiten, DIN A 4. Paperback. 27 großformatige Bildposter (DIN A 2/DIN A 3), z.T. mehrfarbig, und 1 Würfelspiel. 16 Arbeitsbögen der Kinder. In Sammelmappe.
ISBN 3 7666 8943 6.

10 Sätze Arbeitsbögen. Best.-Nr. 8948 7.

Für Erzieher, die dem pädagogischen Ernstfall nicht ausweichen möchten, wurde zu den zehn Fragen unseres „Zugangs zum Christsein" die Werkmappe „Carolin & Marius" von Heinz Bielefeldt, Regina Jörissen und mir entwickelt. Zu den genannten zehn – ausgesprochen oder unausgesprochen hörbaren – Kinderfragen haben wir die abwechslungsreiche Erzählung von Carolin und Marius gemacht. Sie bezieht sich auf die großformatigen Poster und Arbeitsbögen für die Hand des Kindes und ist in einem ausführlichen Erzieherbuch untergebracht. Die Werkmappe als ganze enthält eine Menge von Bausteinen, mit denen die Großen – wenn sie selbst „Zugang zum Christsein" haben – den Kleinen einen Weg ebenfalls dorthin bahnen können. *E. G.*

Erschienen in den Verlagen

Butzon & Bercker, Neustraße 7–13, 4178 Kevelaer 1
Bernward Verlag, Domhof 15, 3200 Hildesheim
Morus Verlag, Grunewaldstraße 24, 1000 Berlin 41